レンズが撮らえた

日本人カメラマンの見た 幕末明治

日下部金兵衛アルバム〈表紙〉（日本大学芸術学部蔵）

山川出版社

目次

レンズが撮らえた　日本人カメラマンの見た　幕末明治

カラー特集

●主な写真

梅の花を活ける女性／侍姿の役者／公家姿の役者たち／雪の日の外出姿の女性／庭園と二人の女性／亀戸天神の藤棚　日本初のヌードポスター／笊味噌漉売り／玩具屋／田子の浦からの富士を望む／老夫婦／松子と高杉晋作の遺児・東一／関取と太刀持ち

吊り橋（日本大学芸術学部蔵）

各写真の題名は所蔵機関または所蔵者が決めた表題に準じている。

■協力者

有限会社リゲル社／グラフ／オフ（布施栄吉）／古藤祐介／道倉健二郎／アリス・ゴーデンカー／松井 久

カラー特集　写真で見る幕末明治

高橋則英　日本大学芸術学部写真学科教授

我が国に写真術が渡来したのは明治維新の20年前、幕末の嘉永元年（1848）のことである。日本における写真術の初期受容は、欧米の近代諸科学技術の導入や実用化に熱心であった各地の藩や蘭学者たちによる研究実験としてであった。その後、来日した外国人写真家に技術を学び、文久年間には民間から写真師として開業するものが現れ、日本の写真は実用化する。しかし幕末から明治初年までの日本写真師たちの仕事は主として肖像写真に限られていた。その間に活躍した外国人写真家たちの仕事は、既刊の本シリーズを参照されたい。そして明治という新たな時代の幕開けとともに、日本人写真師たちの仕事も大きく広がり欧米の写真家と同様な質と量を示すようになる。写真師たちは、我が国の近代化と発展とともに活躍を続けていくのである。

集合写真（長崎歴史文化博物館蔵）
撮影者：上野彦馬　撮影地：長崎
撮影年：明治24～26年（1891～93）
鶏卵紙。上野彦馬一家。

トーマス・グラバー（長崎歴史文化博物館蔵）
撮影者：上野彦馬　撮影地：長崎
撮影年：文久3年（1863）
鶏卵紙。長崎でグラバー商会を設立し、武器商人として幕末の日本で活躍した。

梅の枝を活ける女性（東京都写真美術館蔵）
撮影者：下岡蓮杖　撮影地：横浜　撮影年：文久３年〜明治９年（1863 〜 1876）
鶏卵紙。

上野彦馬撮影の写真と台紙裏

（長崎歴史文化博物館蔵）

撮影者：上野彦馬

撮影地：長崎

撮影年：明治 25 ～ 26 年頃
（1892 ～ 1893）

鶏卵紙。「題不詳（桃太郎像）」。この台紙は明治 25 年（1892）から 26 年頃に使用されたもの。

冨重利平撮影の写真と台紙裏

（長崎歴史文化博物館蔵）

撮影者：冨重利平

撮影地：長崎

撮影年：不詳

ゼラチン・シルバープリント。

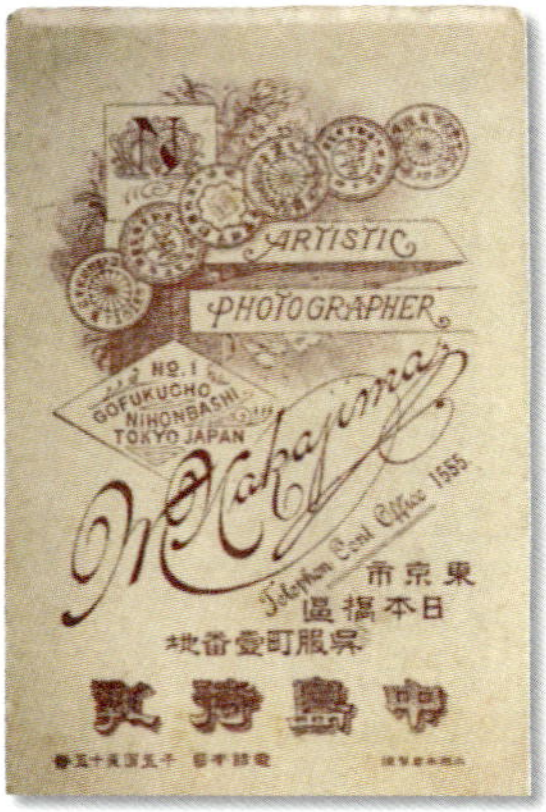

中島待乳撮影の写真と台紙裏

（仙台文学館蔵）

撮影者：中島待乳

撮影地：東京

撮影年：明治 34 ～ 35 年頃
（1901 ～ 1902）

鶏卵紙。「永井荷風　押川春浪　黒田湖山」。

田本研造撮影の写真と台紙裏

（函館市中央図書館蔵）

撮影者：田本研造
撮影地：函館
撮影年：明治２～３年頃
（1869～1870）
鶏卵紙。「女性像」。

内田九一撮影の写真と台紙裏

（松前町郷土資料館蔵）

撮影者：内田九一
撮影地：東京
撮影年：明治初年
鶏卵紙。「松前崇廣像」（複写）。

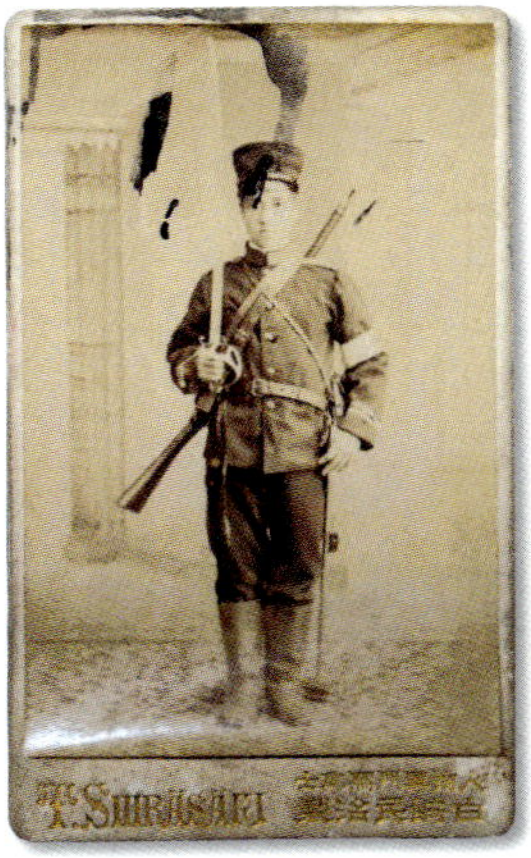

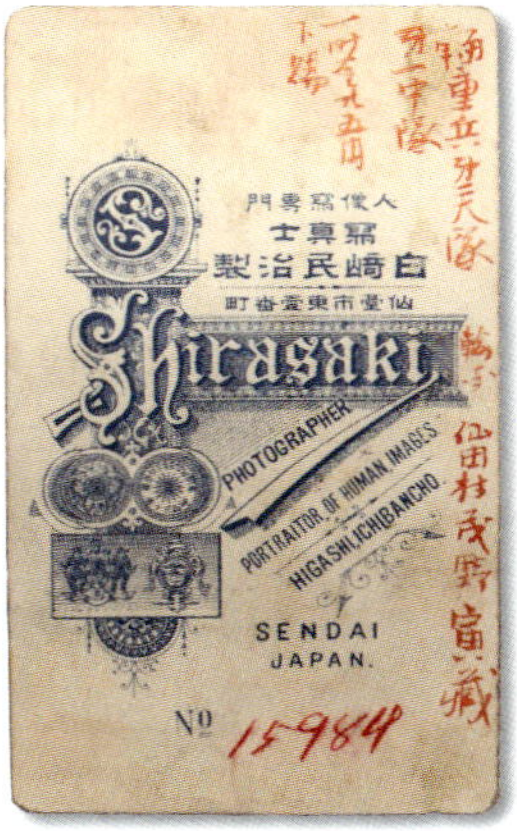

白崎民治撮影の写真と台紙裏

（十日町市博物館蔵）

撮影者：白崎民治
撮影地：仙台
撮影年：明治15～30年頃
（1882～1897）
鶏卵紙。「男性像」（複写）。

髪結い（長崎大学附属図書館蔵）
撮影者：臼井秀三郎　撮影地・撮影年：不詳
男の額髪を中央にかけて半月形に剃り落とす月代（さかやき）は、江戸時代には庶民の間にも行われ、成人のしるしとなった。男たちは、髪結床で鬢、月代を剃り、髷を結ってもらった。

侍姿の役者（長崎大学附属図書館蔵）
撮影者：内田九一　撮影地・撮影年：不詳
内田九一の役者シリーズ（名刺写真）の一枚。スタジオの書割の前で役者が武士の姿でポーズをとっている。

公家姿の役者たち（長崎大学附属図書館蔵）
撮影者：臼井秀三郎　撮影地・撮影年：不詳
左の中啓をもった元服親の前での元服の場面であろう。男子は元服すると一人前として遇された。

雪の日の外出姿の女性（日本大学芸術学部蔵）
撮影者：小川一眞　撮影地：東京
撮影年：明治後期
明治 31 年（1898）10 月 17 日印刷、同 30 日に発行された日本の風俗を紹介した写真集『Photographs of Japanese Customs and Manners』に掲載された写真。英語版。コロタイプ印刷。

後ろ姿の女性たち（長崎大学附属図書館蔵）
撮影者：小川一眞　撮影地：不詳　撮影年：不詳
たすきを掛けている女性たち。背後から見られる帯、たすき、髪型等、珍しい日本女性の風俗を外国人向けに撮ったものであろう。

庭園と二人の女性（日本大学芸術学部蔵）
撮影者：小川一眞　撮影地：不詳
撮影年：明治後期
明治 31 年（1898）9 月 26 日印刷、同 30 日に発行された日本の和風住宅と日本庭園の写真集『A MODEL JAPANESE VILLA』に掲載された写真。英語版。コロタイプ印刷。

女性の横顔（長崎大学附属図書館蔵）
撮影者：玉村康三郎
撮影地・撮影年：不詳

鼓を打つ芸奴（長崎大学附属図書館蔵）
撮影者：玉村康三郎
撮影地・撮影年：不詳

雨傘をさす女性（長崎大学附属図書館蔵）
撮影者：玉村康三郎　撮影地・撮影年：不詳

傘をさす女性（日本大学芸術学部蔵）
撮影者：日下部金兵衛
撮影地・撮影年：不詳

京都清水寺の舞台

（長崎大学附属図書館蔵）

撮影者：鈴木真一

撮影地：京都

撮影年：明治後期

塔ノ沢温泉

（長崎大学附属図書館蔵）

撮影者：臼井秀三郎ヵ

撮影地：神奈川県

撮影年：不詳

三井寺からの遠望

（日本大学芸術学部蔵）

撮影者：日下部金兵衛

撮影地：滋賀県

撮影年：明治 19 年（1886）以前

日下部金兵衛作「蒔絵 アルバム」所収。

亀戸天神の藤棚（長崎大学附属図書館蔵）
撮影者：玉村康三郎　撮影地：東京　撮影年：明治中期
鶏卵紙。手彩色。亀戸天神は藤の名所として知られる。原題は Wisteria。

熊本城（長崎大学附属図書館蔵）
撮影者：内田九一　撮影地：熊本　撮影年：明治初期
手前に写っている加藤清正神社は明治4年（1871）に創建された。社殿は明治7年には京町台に移されている。

江戸城富士見櫓遠望
（日本大学芸術学部蔵）
撮影者：日下部金兵衛
撮影地：東京
撮影年：明治 19 年（1886）以前
日下部金兵衛作「蒔絵 アルバム」所収。

備後鞆津
（日本大学芸術学部蔵）
撮影者：日下部金兵衛
撮影地：広島県
撮影年：明治 19 年（1886）以前
福山市・鞆港の東側にある大可島を東浜から望む。日下部金兵衛作「蒔絵 アルバム」所収。

横浜元村（現元町）
（日本大学芸術学部蔵）
撮影者：日下部金兵衛
撮影地：滋賀県
撮影年：明治 19 年（1886）以前

日本初のヌードポスター

（サントリーホールディングス提供）

撮影者：河口写真館　撮影地：大阪　撮影年：大正前期

大正 11 年（1922）、壽屋（現サントリーホールディングス）が甘味葡萄酒赤玉ポートワイン（現 赤玉ポートワイン）の宣伝のために、日本で初めてヌードポスターを採用した。上半身裸のモデルを務めたのは日本の歌劇女優・松島栄美子。

笊味噌漉売り（東京都写真美術館蔵）
撮影者：下岡蓮杖　撮影地：横浜　撮影年：幕末〜明治初期
鶏卵紙。手彩色。

最後の将軍徳川慶喜が撮った「安倍川鉄橋　上り列車進行中之図」（茨城県立歴史館蔵）

撮影者：徳川慶喜　撮影地：静岡県　撮影年：明治26～30年（1893～97）

慶喜が静岡に移ってから写真撮影した一枚である。科学技術の進歩の産物である蒸気機関車は、慶喜にとって格好の撮影対象になったのであろう。

頭上で荷物を運ぶ女性たち（日本大学芸術学部蔵）
撮影者：小川一眞　撮影地：不詳　撮影年：明治期
明治 31 年（1898）10 月 17 日印刷、同 30 日に発行された日本の風俗を紹介した写真集『Photographs of Japanese Customs and Manners』に掲載された写真。英語版。コロタイプ印刷。

玩具屋（日本大学芸術学部蔵）
撮影者：小川一眞　撮影地：不詳　撮影年：明治期
『Photographs of Japanese Customs and Manners』所収。

大宮村からの富士山（日本大学芸術学部蔵）
撮影者：日下部金兵衛　撮影地：不詳　撮影年：明治期
着色写真。明治期の撮影。現富士宮市大宮町。明治 22 年（1889）に大宮町になっているので、それ以前の写真であろう。

吉原湊からの富士（富士市立博物館蔵）
撮影者：玉村康三郎　撮影地：静岡県富士市　撮影年：明治期
着色写真。沼川や潤井川、和田川が駿河湾にそそぎ込む吉原湊（田子の浦）から富士山を撮影。写真左の停泊する船は二〇〇石積級の上方弁才船。

田子の浦からの富士を望む（日本カメラ博物館蔵）

撮影者：鹿島清兵衛　撮影地：静岡県富士市　撮影年：明治中期から後期（1888〜1902）

着色写真。額内の画面358×489ミリメートル。鹿島清兵衛は、明治22年（1889）にアマチュア写真団体「日本写真会」の結成、明治27年（1894）には日本写真品評会の設立に深く携わり、写真の進歩発達に貢献しその芸術性を追求した人物のひとりである。写真は、富士の周囲に雲を描き絵画的に仕上がっている。人物の配置も情緒的で美しい。しかし、江戸時代からの豪商の家に育ったためか、明治28年に写真館を開業するが乱費が重なり商売は上手くいかなかったといわれる。それを支えた愛妻名妓ぽん太との哀話も有名である（文／井桜直美）。

老夫婦（小川益子氏蔵・行田市郷土博物館提供）
撮影者：小川一眞　撮影地：不詳　撮影年：不詳

大桟橋全景（鶏卵紙焼付写真）（国際日本文化研究センター蔵）
撮影者：日下部金兵衛　撮影地：横浜　撮影年：明治後期
手彩色。明治 27 年（1894）に完成した鉄製の海陸連絡橋。左の赤レンガの建物は税関監視部（妻木頼黄の設計、明治 26 年竣工）。鶏卵紙はもともと少し黄ばんでいる（文／斎藤多喜夫）。

大桟橋全景（幻灯板ガラス写真）（横浜開港資料館蔵）
撮影者：日下部金兵衛　撮影地：横浜　撮影年：明治後期
手彩色。上の写真と同じだが、基体がガラスなので、鶏卵紙より透明感がある（文／斎藤多喜夫）。

松子と高杉晋作の遺児・東一（国立歴史民俗博物館蔵）
撮影者：内田九一　撮影地：東京　撮影年：明治４年（1871）９月29日
松子は木戸孝允夫人。もとは京祇園の名妓幾松で、禁門の変後の孝允を匿い窮地を救った。

内田九一写真の台紙裏
（国立歴史民俗博物館蔵）
右写真の台紙裏。

木戸松子（国立歴史民俗博物館蔵）
撮影者：内田九一　撮影地：横浜か東京
撮影年：明治３年（1870）８月
裏面に写真師内田九一のシールが貼られている。

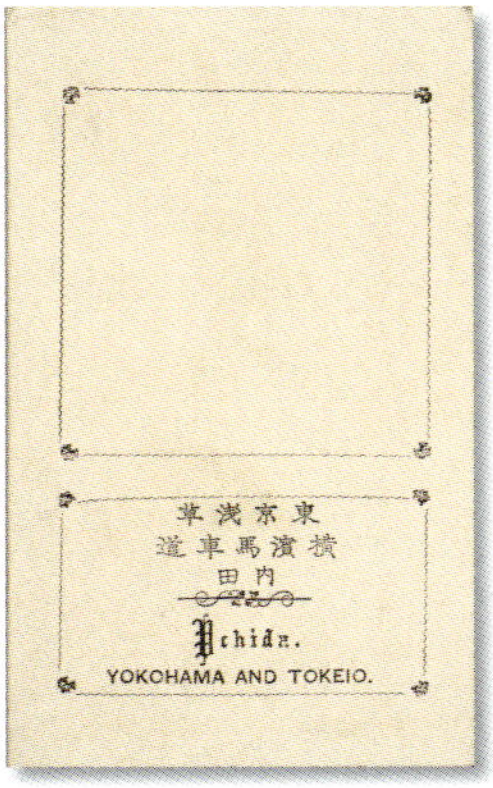

内田九一写真の台紙裏
（国立歴史民俗博物館蔵）
左写真の台紙裏。

広沢真臣（国立歴史民俗博物館蔵）
撮影者：内田九一　撮影地：横浜か東京
撮影年：明治初年
木戸孝允とともに初期の長州閥を代表する人物であったが、明治４年（1871）１月９日、私邸にて刺客に襲われ暗殺された。

井田侾吉（函館市中央図書館蔵）
撮影者：井田写真館　撮影地：函館　撮影年：明治期

家族（函館市中央図書館蔵）
撮影者：田本研造　撮影地：函館　撮影年：明治 26 年（1893）9 月

関取と太刀持ち（東京都写真美術館蔵）
撮影者：下岡蓮杖　撮影地：横浜　撮影年：文久３年〜明治９年（1863〜1876）
鶏卵紙。

煙管と火箱と少女（個人蔵）
撮影者：下岡蓮杖　撮影地：横浜　撮影年：文久３年〜明治９年（1863 〜 1876）
鶏卵紙。

囲碁を楽しむ母と子（東京都写真美術館蔵）
撮影者：下岡蓮杖　撮影地：横浜　撮影年：文久３年〜明治９年（1863 〜 1876）
鶏卵紙。

日光満願寺（日本大学芸術学部蔵）
撮影者：日下部金兵衛　撮影地：栃木県　撮影年：明治19年（1886）以前
鶏卵紙。手彩色。坂東三十三観音第十七番札所。

上野不忍池（日本大学芸術学部蔵）
撮影者：日下部金兵衛　撮影地：東京都　撮影年：明治19年（1886）以前　鶏卵紙。手彩色。不忍池の中にある弁天堂の光景。

鬼子母神（国立国会図書館蔵）
撮影者：小川一眞　撮影地：東京　撮影年：明治後期
雑司ヶ谷鬼子母神境内の並木。当時、府下北豊島郡高田村大字法明寺の鬼子母神付近の風景。巨木が立ち並ぶ風景が歴史を感じさせる光景である。

徳川慶勝が撮った若宮祭礼山車行列（徳川林政史研究所蔵）
撮影者：徳川慶勝　撮影地：名古屋
撮影年：幕末
若宮八幡宮の祭礼の山車を撮影。慶勝は名古屋城二之丸東南隅櫓から山車のからくり人形の上演の様子を写した（文／白根孝胤）。

吹上御苑・滝見御茶屋（徳川林政史研究所蔵）
撮影者：徳川慶勝　撮影地：東京
撮影年：明治 12 年（1879）5月 23 日
明治天皇の命令により慶勝が撮影した皇居内吹上御苑の写真。慶勝の撮影技術の高さは天皇にまで聞こえていた（文／白根孝胤）。

戸山下屋敷 本間（徳川林政史研究所蔵）
撮影者：徳川慶勝　撮影地：江戸
撮影年：幕末
慶勝の御座所だった部屋を撮影した写真と思われる。こたつや手焙り、見台などの諸調度が写っている。当時の大名の日常生活を示す貴重な一枚（文／白根孝胤）。

名古屋城天守・二之丸御殿（右写真）
（徳川林政史研究所蔵）
撮影者：徳川慶勝　撮影地：名古屋
撮影年：幕末
手前の二之丸御殿の屋根越しに天守が写されている（文／白根孝胤）。

徳川昭武が撮った「子供の遊」（松戸市戸定歴史館蔵）

撮影者：徳川昭武　撮影地：松戸市　撮影年：明治 39 年（1906）12 月

幕末期、パリ留学の経験をもち、最後の水戸藩主にして藩知事も務めた徳川昭武は、隠居後に松戸の戸定の地に邸宅を建て、ここに移り住んでいた。この写真には昭武の末娘２人（直子と温子）が写っている。昭武は子供たちには決して贅沢をさせずに、厳しく育てたという。着せるものも木綿に限り、普段は使用人の子供たちと変わらないものを着せていた。（文／松戸市戸定歴史館・斉藤洋一）

「松戸町小山」（松戸市戸定歴史館蔵）
撮影者：徳川慶喜　撮影地：松戸市
撮影年：明治 38 年（1905）4 月
ステレオ写真。戸定邸のすぐ近くの坂川の情景。子供の遊び場でもあり、生活にとって身近な存在であった川と生活の情景をよく捉えている。（文／松戸市戸定歴史館・斉藤洋一）

「戸定邸で遊ぶ子供達」（松戸市戸定歴史館蔵）
撮影者：徳川慶喜　撮影地：松戸市
撮影年：明治 31 年（1905）5 月

鎧武者（国立国会図書館蔵）
撮影者：小川一眞　撮影地：東京　撮影年：明治後期

近藤勇（港区立港郷土資料館蔵）
撮影者：堀與兵衛　撮影地：京都　撮影年：不詳
新選組局長。元治元年（1864）の池田屋事件で勇名を馳せる。

幕末明治の日本の写真師たち

人力車と女性（日本大学芸術学部蔵）

幕末諸藩の写真研究

——薩摩・福岡・佐賀・津・萩・尾張藩の写真研究

高橋則英（日本大学芸術学部写真学科教授）

●幕末の最先端の科学技術「写真」

フランス人ダゲールの考案した最初の実用的写真術ダゲレオタイプ（銀板写真）がパリで公表されたのは天保十年（一八三九）のことである。フランス政府が特許を買い上げ、その技術を一般に公開したので、すぐに機材や手引書なども発売された。そして写真スタジオも開設され、ダゲレオタイプは瞬く間に欧米の社会に広がっていくのである。

このダゲレオタイプが嘉永元年（一八四八）、欧米では唯一通商を行っていたオランダ船によって長崎にもたらされたことで日本の写真史が始まる。しかし海外では公表と同時に実用的な技術として広まった写真術ではあるが、幕藩体制という中世的な封建社会で鎖国下にあった日本では、状況がまったく異なっていた。

日本の写真が実用化するという意味は職業写真家の誕生と捉えることができるが、それは文久年間（一八六一～一八六四）に入り、第二世代の技術である湿板写真によってであった。和親条約が結ばれて開国した後、さらに横浜や長崎などが開港され、外国人写真家が来日するようになった時期である。

日本写真史の特質は、それが渡来から始まること、欧米では公表と同時に実用的な技術とし

【写真1—1、1—2】『遠西奇器述』
（日本大学芸術学部蔵）
嘉永7年（1854）薩摩府蔵版、川本幸民口述。

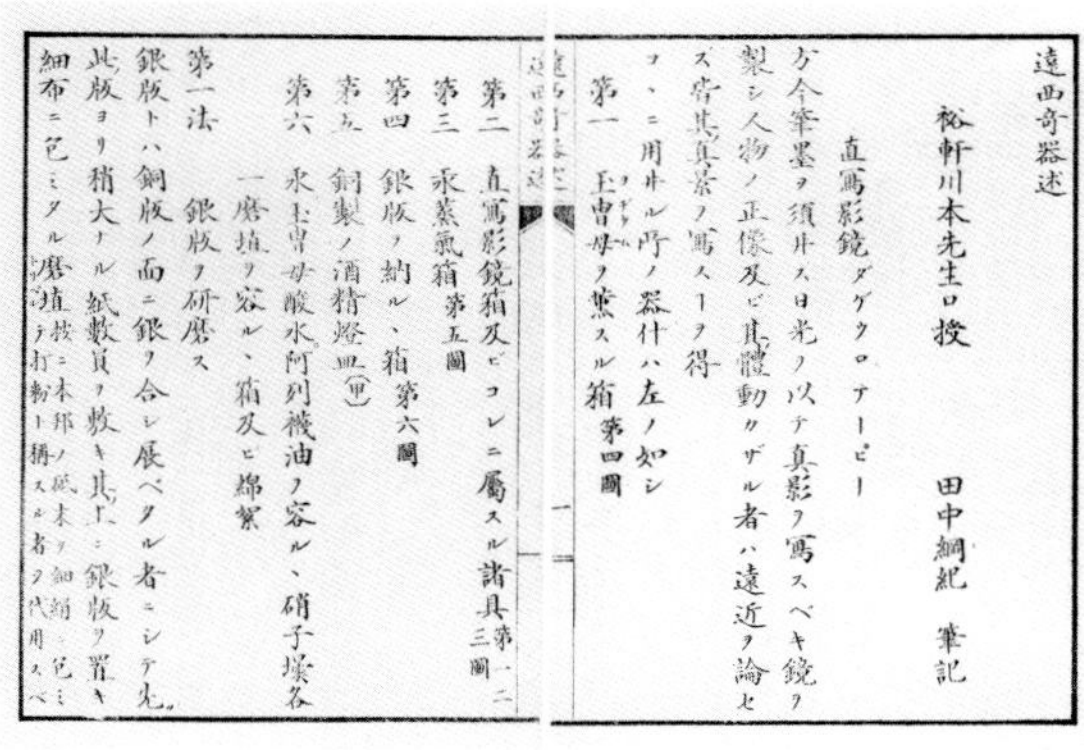
遠西奇器述
　　　
秘軒川本先生口授　　　　田中綱紀　筆記
直寫影鏡ダゲウロテーピー
方今筆墨ヲ須ヰス日光ヲ以テ真影ヲ寫スベキ鏡ヲ製シ人物ノ正像及ビ其體動カザル者ハ遠近ヲ論セズ皆其真容ヲ寫スヿヲ得
　　コヽニ用ヰル所ノ器什ハ左ノ如シ
第一　玉曽母ヲ燕スル箱第四圖
第二　直寫影鏡箱及ビコレニ屬スル諸具第一二三圖
第三　汞蒸氣箱第五圖
第四　銀版ヲ納ルヽ箱第六圖
第五　銅製ノ酒精燈皿（甲）
第六　水玉曽母酸水阿列襪油ヲ容ルヽ硝子壜各一磨墳ヲ容ルヽ箱及ビ綿絮
第一法　銀版ヲ研磨ス
銀版トハ銅版ノ面ニ銀ヲ合レ展ベタル者ニシテ先ヅ其版ヨリ稍大ナル紙數頁ヲ敷キ其上ニ銀版ヲ置キ細布ニ包ミタル磨墳（技ニ本邦ノ砥末ヲ細絹ニ包ミテ打粉ト稱スル者ヲ代用スベ

【写真1―1】

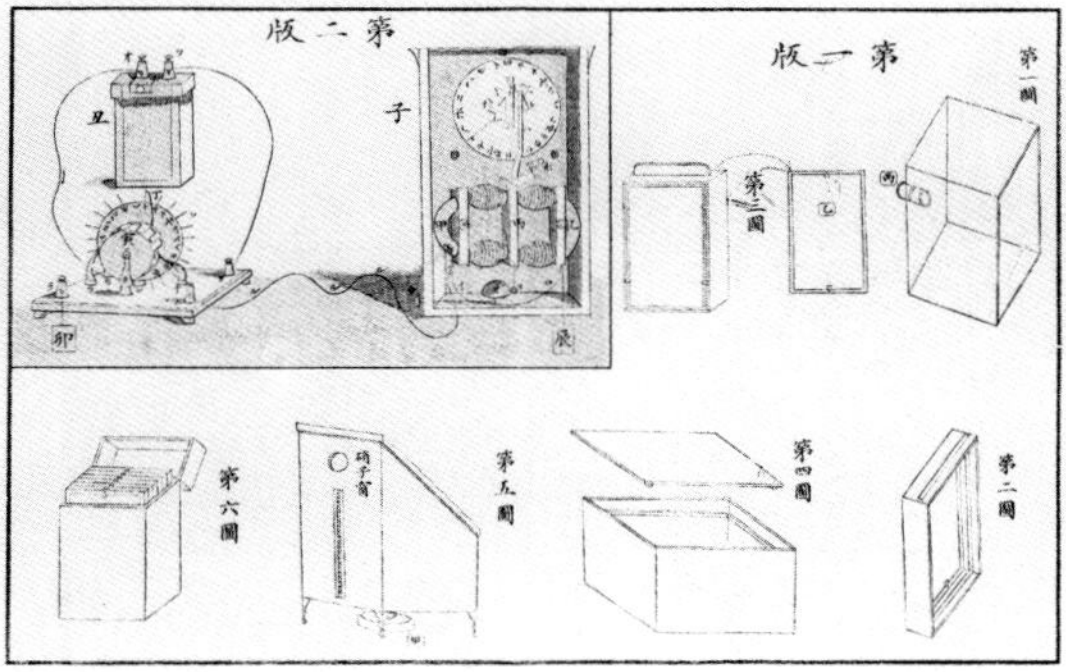

【写真1―2】

て急速に普及した写真術が、十数年の研究実験の段階を経てから実用化したことである。その研究と実験は主として海外の情報に関心をもち、欧米の科学技術導入に熱心であった各地の藩に支えられていた。写真は実用的な技術ではなく、欧米の近代科学技術の中の一項目としての位置づけであり、あるいは蘭学研究の一環として、研究実験が行われたのである。

それをよく示すのは、嘉永七年（一八五四）に薩摩藩から刊行された川本幸民口述『遠西奇器述』【写真1―1・1―2】である。これは西洋諸科学技術の解説書であるが、その最初の項目に「直寫影鏡ダゲウロテーピー」としてダゲレオタイプの制作技術が詳細に述べられている。次項は「傳信機テレガラーフ」であり、以下「蒸氣機ストームウェルキトイグ」「蒸氣船ストームシキップ」と続く。当時は写真が電信や蒸気動力などと並ぶ最先端の科学技術であり、また冒頭に取り上げられていることからも、写真に対する関心のほどをうかがうことができる。

これを刊行した薩摩藩は、幕末諸藩のなかでも、欧米の科学技術実用化に最も力を注いでいた藩のひとつである。

嘉永二年および嘉永三年、当時薩摩藩の世子であった島津斉彬による水戸藩主徳川斉昭宛の書簡のうちにダゲレオタイプに関する内容を見ることができる。島津斉彬はこの書簡中、ダゲレオタイプを印影鏡と記しその技法の概略を述べている。この書簡の記述によって、嘉永元年

【写真 2】島津斉彬像
（尚古集成館蔵）
撮影者：市来四郎他
撮影地：鹿児島
撮影年：安政４年（1857）
銀板写真。

のダゲレオタイプ渡来と、それを入手したのが薩摩藩であることが傍証されるのである。

薩摩藩では嘉永四年、藩主となった島津斉彬が集成館事業を開始し、斉彬の命で市来四郎、川本幸民らが印影鏡（ダゲレオタイプ）研究を本格的に開始したのである。そして写真研究が進展し、前記のように『遠西奇器述』ではダゲレオタイプの技法が詳述され、安政四年（一八五七）、島津斉彬像の撮影に成功するのである。これは日本人による最初の写真撮影であり、現存する日本人の手になる唯一のダゲレオタイプである【写真２】。

また薩摩藩の資料には、「紙写し」と通称される鶴丸城の一部が写されたネガ像の写真が伝来している。これまで日本では紙ネガ技法カロタイプの導入や研究はなかったとされていたが、東京大学史料編纂所の島津家文書のなかに『感光紙製法』が発見されたことにより、薩摩藩ではカロタイプの研究も行っていたことが証明された。日本における現存する唯一のカロタイプネガである【写真３】。

いち早く西洋科学を導入した福岡藩と佐賀藩

九州で写真研究がすすめられた藩としては、長崎警備を担当し、海外の情報にも通じていた福岡藩や佐賀藩などがあげられる。

幕末の福岡藩では藩主黒田長溥が蘭学を好み、弘化三年（一八四六）には博多の那珂川

【写真３】鶴丸城
（尚古集成館蔵）
撮影者：（伝）島津斉彬
撮影地：鹿児島
撮影年：不詳
紙写真（カロタイプネガ）。

支流の河岸に精錬所を設けて硝子製造を始めるなど早くから西洋諸科学の導入に力を入れていた。黒田長溥は、安政三年には藩士古川俊平を長崎に留学させ写真（ダゲレオタイプ）研究にあたらせたともいわれる。

長崎では安政二年、幕府により海軍伝習所が開設され、安政四年には医官ポンペ・ファン・メーデルフォールトが第二次オランダ教授陣の一員として来日し医学伝習所を開いた。この医学伝習所では福岡藩士前田玄造がポンペから湿板写真を学んでいる。

島津斉彬が世を去ったのは銀板撮影の翌安政五年であるが、遺言によって湿板カメラ一式が黒田長溥に贈られている。その後福岡藩では安政六年、福岡城内に舎密館付属写真室、ついで精錬所内に写真研究所を設け、古川俊平に主宰させた。

現在、福岡藩の写真研究に関する歴史的な写真画像は存在していないが、福岡藩医武谷椋亭から写真を贈られた江戸の蘭学者宇田川興斎の、椋亭宛書簡（万延元年〈一八六〇〉）が現存している【写真４】。贈呈された「ポトガラヒー」三枚がいささかも洋製に劣らないと絶賛した内容であり、福岡藩における写真研究の進展を想像することができる。

福岡藩と隔年で長崎警備を担当していた佐賀藩も藩主鍋島直正により、西洋諸科学の導入を

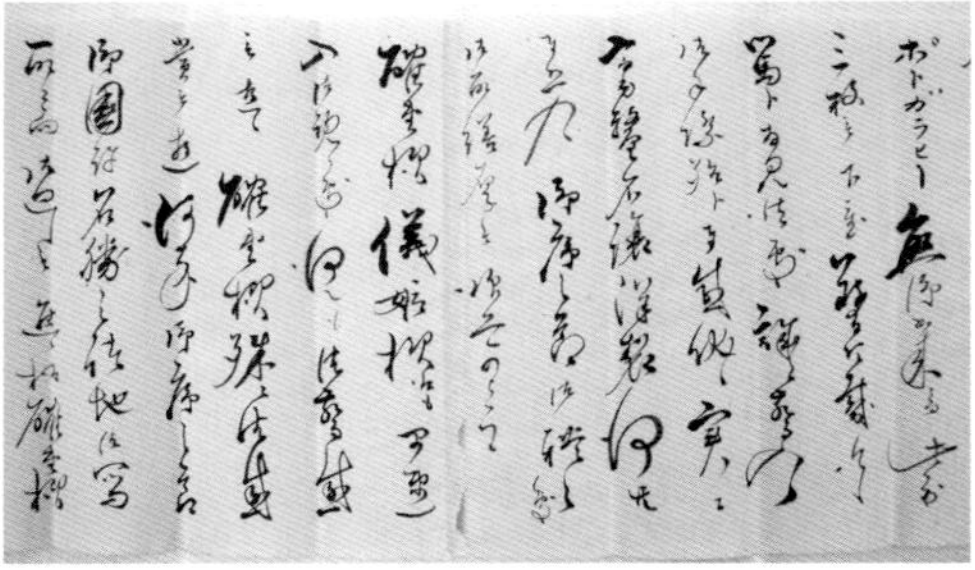

【写真４】「宇田川興斎・武谷椋亭宛書簡」
（武谷道彦氏蔵　福岡県立図書館寄託）
万延元年（1860）。

図っていた。とくに嘉永三年には反射炉の構築を行い大砲の製造を行ったことは有名であり、幕府の依頼で別途反射炉を築き大砲の製造も手掛けている。嘉永五年には大砲の鋳造に関わる理化学研究を進めるため「精錬方」を設置し、先端の知識をもつ蘭学者らを藩外から招き、さまざまな研究を行った。安政二年には日本で初めて蒸気車、蒸気船の模型製造などを行ったほか、火薬、ガラスの製造、写真術や電信機の製作なども行ったといわれる。精錬方で撮影されたと考えられる写真は現存していないが、精錬方の写真研究のなかで使用されたとも考えられる日本最古級の湿板写真カメラが伝来している。また藩医川崎道民が安政六年に撮影したされる鍋島閑叟（直正）肖像の湿板写真が現存している【写真5】。川崎道民が万延元年の遣米使節の際に学んできた写真術で撮影されたとも考えられるが、そうであれば日本における初期写真研究の一環とはことなる過程で撮影されたユニークな画像である。

●上野彦馬と共同研究した津藩

長崎のポンペの医学伝習所で写真の知識を得て、その後研究を行い、我が国写真の開祖として文久二年（一八六二）に写真師を開業したのが上野彦馬である。その彦馬と共同研究を行っていたのが津藩の海軍伝習生堀江鍬次郎であった。上野彦馬と堀江鍬次郎は安政六年（一八五九）、開港された長崎を訪れた写真家ロシエに学んで写真の実技に上達したといわれる。その後、堀江が津藩主藤堂高猷の許可を得て長崎で湿板カメラ一式を購入し、機材をもって江戸へ上り写真撮影を行っている。その際に撮影されたと考えられる上野彦馬の肖像が現存している【写真6】。彦馬はその後長崎で開業する前に津藩校有造館で化学や蘭語の教授をしている。記録は乏しいが、津藩でも写真研究が行われていたことが想像される。

●長崎で写真を学んだ萩藩

同様に長崎で写真を学んだものに萩藩の中島治平がいる。中島治平は慶応年間に入り、萩藩に舎密局《せいみきょく》（化学研究所）が設立されるとその総裁に任命される人物である。安政三年から長崎

【写真 5】鍋島直正（鍋島報效会蔵）
撮影者：川崎道民　撮影地：不詳
撮影年：安政 6 年（1859）
湿板写真。

【写真6】上野彦馬像（日本大学芸術学部蔵）
撮影者：（伝）堀江鍬次郎　撮影地：江戸　撮影年：文久元年（1861）
湿板写真。

でポンペらに師事して蘭語や医学、理化学を学ぶなかで写真術も研究している。万延元年、萩の地でガラス製造所を設置して硝子製造を開始するが、同年未定稿として蘭書から訳出された『写真術』が現存している。

●写真研究を行った諸藩の蘭学者

これらは藩の事業というよりも蘭学研究の一部としての写真研究と考えられるが、同様に各地の蘭学者が写真に興味をもって研究したことが知られている。松代藩の佐久間象山、美濃大垣藩医で本草学者の飯沼慾斎らのほか、江戸の宇田川興斎は万延元年に卯白湿板写真法『ポトカラヒイ』を訳出している。また時期は少し遅いが、尾張名古屋の蘭学者柳川春三は慶応三年（一八六七）に湿板写真や鶏卵紙の技術を詳述した『写真鏡図説』を訳出し刊行している。

佐久間象山像（国立国会図書館蔵）
松代藩士。藩主真田幸貫の側右筆組頭佐久間一学（国善）の子。江川太郎左衛門（英龍）に師事し、西洋砲術を学び、大砲を設計・鋳造・試射を行っている。写真研究も行い、ペリー来航の折には横浜で警備出役中に、米艦隊の写真師ブラウン・ジュニアとダゲレオタイプに関する問答を行ったことが知られる。

　これら蘭学者の研究と同種ながら、藩主が自ら行ったとして特異なのが、尾張藩主徳川慶勝の写真研究である。

●徳川林政史研究所に所蔵される尾張藩主徳川慶勝の写真の数々

　嘉永二年（一八四九）に藩主となった徳川慶勝は、藩政改革や欧米列強に対する海防強化などの政策を進めていくため、さまざまな海外情報や西洋諸科学の知識を求めていた。その後、ペリー来航、開国の後、安政の大獄として知られる不時登城事件での隠居・謹慎の時期に写真研究を始めたという。

　謹慎となった安政五年の時期に江戸戸山の下屋敷で写真研究が着手され、文久元年頃から成果が出始め、翌年以降政界に復帰してからも撮影が続けられた。近年まで広く知られることはなかったが、数多く現存するそれらの写真の画質は高く、藩主ならではの対象や視点の画面は写真史的にも歴史記録的にも貴重である。

　このように我が国の初期写真研究は蘭学愛好の藩の事業として、あるいはまた藩の蘭学者たちによる研究として行われた。その後民間の研究から、あるいはまた来日した外国人写真家からの伝習により職業写真家が誕生し、我が国の写真は実用化していくのである。体制の大いなる変化とともに藩の事業としての写真研究の時代は終わり、次第に民間の写真師たちの技術の継承に代わっていくのである。そして明治という新たな時代となり、近代的な市民社会が形作られていくとともに、実用的な写真文化が花開いていくことになるである。

殿様が撮った幕末明治

——徳川慶勝の写真研究

白根孝胤（中京大学准教授）

◆尾張徳川家を襲封した慶勝

徳川慶勝《とくがわよしかつ》は、文政七年（一八二四）三月十五日に尾張徳川家の分家美濃高須《たかす》松平家の当主松平義建《よしたつ》の二男として生まれ、嘉永二年（一八四九）六月に尾張徳川家十四代当主（のちに再相続して十七代当主）となった。開明的な発想の持ち主で西洋諸国の科学技術への関心が高く、とくに写真技術に魅力を感じていた。開国をめぐる条約勅許問題で大老井伊《いい》直弼《なおすけ》と対立し、江戸の戸山《とやま》下屋敷に隠居謹慎していた安政期頃から湿板写真の研究に着手した。自ら撮影の実験を繰り返し行うとともに、御小姓・御小納戸を中心とした側近層や洋学者・医者などによるプロジェクトチームを組織して、写真技術書・研究書の翻訳、撮影・現像の技術向上を目指していった。当時写真研究を行っていた一橋徳川家・越前松平家・高松松平家・島津家・黒田家・鍋島家など諸大名とも連携し、長崎や横浜などから最先端の写真技術を得るための情報ネットワークを形成していた。

◆高須四兄弟のフォトグラフィー

文久元年（一八六一）九月に、慶勝自身の肖像写真の撮影に成功すると、ともに激動の幕末維新を歩んだ「高須四兄弟」こと、弟の茂徳《もちなが》（十五代当主、のち茂栄《もちはる》、一橋家当主）・容保《かたもり》（会津藩主・京都守護職）・定敬《さだあき》（桑名藩主・京都所司代）の姿も撮影した。「天下の名園」と称された江戸の戸山荘の景観や御殿の内部、国元では名古屋城内の様子も数多く撮影している。とくに城内の撮影場所は居館だった二之丸御殿の部屋や奥に広がる庭園など、当主しか立ち入ることができない空間で、なかには当時軍事機密にかかわるような空間も惜しげなく撮影してお

松平容保肖像（徳川林政史研究所蔵）
撮影者：徳川慶勝　撮影地：不詳
撮影年：文久２年（1862）冬

徳川慶勝肖像（徳川林政史研究所蔵）
撮影者：徳川慶勝　撮影地：江戸
撮影年：文久元年（1861）9月

徳川茂徳肖像（徳川林政史研究所蔵）
撮影者：徳川慶勝　撮影地：不詳
撮影年：文久３年（1863）頃

松平定敬肖像（徳川林政史研究所蔵）
撮影者：徳川慶勝　撮影地：不詳
撮影年：文久２年（1862）頃

広島藩家老浅野右近邸前・広島城一丁目御門（徳川林政史研究所蔵）
撮影者：徳川慶勝　撮影地：広島　撮影年：元治元年（1864）12月
浅野右近邸前から南の一丁目御門を撮影。輪郭を捉えきれていないが通りを行き交う人々が写されている。

り、城郭研究のうえでも貴重な資料といえよう。

また、隅櫓の中からは、毎年六月に行われた若宮祭礼の山車行列を撮影しており、江戸時代の祭礼の様子が写された唯一の写真として注目に値する。慶勝が撮影した写真のなかには幕末維新期の歴史的舞台の一端を切り取ったものもある。上洛時の宿所となった京都の知恩院や、元治元年（一八六四）十月に第一次征長総督に任命されたときには、撮影器材を一式揃えて本営となる広島に入り、天守や城下の武家屋敷を行き交う人々を撮影している。

慶勝が撮影した写真は鶏卵紙などに焼き付けられ、写真帳に整理して保管されたが、ガラス原板の写真（アンブロタイプ）も多数遺されている。これらは桐箱に納められ、慶勝の自筆で撮影場所や撮影年月日が墨書されている。

なかには写真の裏側に、調合した薬品名を記したものもあり、当時の写真技術の一端を知ることができる。撮影方法は近景と遠景とのバランスを常に意識していたことがうかがえ、パノラマ写真の撮影も所々で試みられ、成功している。慶勝の撮影技術は、当時としては高水準に

本所の町並み（徳川林政史研究所蔵）
撮影者：徳川慶勝　撮影地：東京　撮影年：明治初年
慶勝は本所邸に近い、商家が建ち並ぶ賑やかな通りを多数撮影している。

あったと位置づけられよう。

◆本所横網町邸内の望楼

明治期に入ってからも慶勝は、内田《うちだ》九一《くいち》など当時第一線で活躍していた写真師と交流しながら技術を磨き、撮影の日々を過ごした。慶勝の高度な写真技術は明治天皇にまで聞こえ、皇居内の吹上御苑の撮影を依頼されるほどであった。この時期の慶勝は住まいとなった浅草や本所周辺を中心に撮影しているが、なかでも本所横網町邸内に設けられた三階建て望楼の屋上から隅田川界隈を撮影したパノラマ写真は、三六〇度撮影に成功した写真として大変貴重である。亀戸天神といった名所も撮影しているが、商家が建ち並ぶ町並みなど庶民の日常空間を撮影したものが多く、失われた江戸の原風景を偲ぶことができる。その一方で兜町の第一国立銀行、銀座煉瓦街、旧江戸城下の武家屋敷が解体される様子を撮影した連続写真など、新しい東京の情景を知ることもできる。慶勝の写真は、江戸の名残と東京の近代化が混在する時代の移り変わりを表現していて、その興味は尽きない。

甦る幕末の長崎

姫野順一（長崎大学名誉教授）

●幕末長崎の写真伝習

　鎖国時代、出島からヨーロッパに開かれた長崎に、天保十四年（一八四三）、最初のカメラが到着した。これは武雄藩に照会された後、上《うえ》野《の》俊《しゅん》之《の》丞《じょう》によりスケッチされて返送されたようである。俊之丞によれば、嘉永元年（一八四八）にもカメラが、輸入されている。

　オランダの写真研究家ムースハルトによれば、ハーグの国立文書館の出島商館の記録に一八五〇年、五二年、五五年（安政二）のカメラの輸入記録があり、五五年の記録にはコロジオンプロセス（湿板写真）の輸入が確認される。このうちの少なくとも二台は薩摩藩が購入した。このカメラで安政四年（一八五七）九月十七日に撮影された島津斉彬のダゲレオタイプ（銀板写真）支持体（銅板）は、一一×八センチメートルなので小型カメラであった。

　五三年から五七年まで出島の商館医であったファン・デン・ブルックは、幕府をはじめ薩摩、肥後、肥前、水戸から来た武士たちに医学や理学を教え、安政三年（一八五六）から写真伝習をはじめている。福岡の前田《まえだ》玄造《げんぞう》、古川《ふるかわ》俊平《しゅんぺい》、河《こう》野《の》禎三《ていぞう》、長崎の吉雄《よしお》圭斎《けいさい》、本木《もとぎ》昌造《しょうぞう》らが学生であった。とはいえこの時期に長崎で撮影された写真は現存していない。

【写真1】
松本良順（石黒敬章氏蔵）
撮影者：伝上野彦馬
撮影地：長崎
撮影年：万延元年（1860）頃

【写真2】長崎奉行岡部駿河守
（石黒敬章氏蔵）
撮影者：伝松本良順
撮影地：長崎
撮影年：万延元年（1860）頃

【写真3】上野彦馬（日本大学芸術学部蔵）
撮影者：伝堀江鍬次郎
撮影地：江戸
撮影年：文久元年（1861）
アンブロタイプ。

　幕末に長崎で開業し、長崎を撮影した写真を残している日本人は、上野彦馬《うえのひこま》である。最後のオランダ商館長ドンケル・クルチウスの手紙によれば、彦馬の師であるポンペは、安政六年十二月に写真撮影に成功しているので、津の堀江鍬次郎《ほりえくわじろう》とともに独自に自前の道具で写真修行していた彦馬の写真の成功はそれ以後である。万延元年（一八六〇）四〜六月にスイス人写真家ピエール・ロシエと邂逅したことは、藤堂藩の援助による彦馬のカメラの輸入を促し、写真術の飛躍をもたらした。長崎で日本人が撮った最古の写真として石黒敬七氏は、上野彦馬が撮影した松本良順《まつもとりょうじゅん》の肖像【写真1】と、松本良順が撮ったとされる長崎奉行の岡部駿河守の写真【写真2】を紹介している。これらの写真が本物とすれば、岡部の帰任は文久元年（一八六一）九月なので、撮影の成功はそれ以前で、文久元年の初め頃ということになる。

　文久元年春、津藩に仕えるために江戸に向かったとされる彦馬について、「文久元酉年六月藤堂公上屋敷東中奥ニテ写ス」の書き込みがあるガラスの肖像写真（アンブロタイプ）【写

【写真5】
コック・アルバム
（ライデン大学図書館蔵）

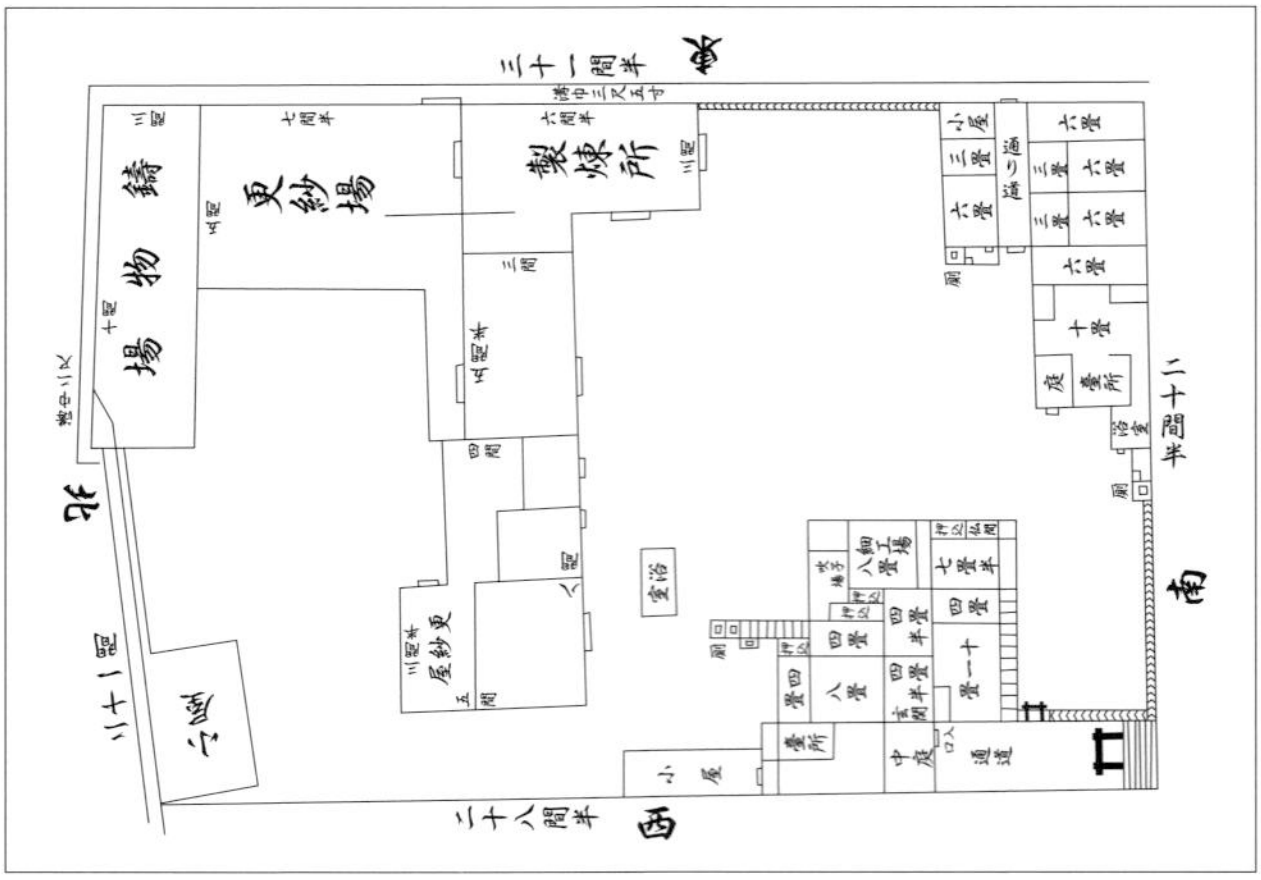

【図4】上野彦馬邸
「上野彦馬家舗兼絵図」（硝石精錬所遺構）模写。文久2年（1862）頃。

【写真6】
コック・アルバム（ライデン大学図書館蔵）
フェリーチェ・ベアトやチャールズ・パーカー撮影と確認できるものも含まれる。コックが付したオランダ語のオリジナルタイトルは、間違いも多いが興味深い。収載された彦馬の写真は人物だけであるが、背後にまだ荒れていた硝石精錬所跡がうかがえる。被写体は本人【写真7】、家族と友人【写真8】、趣味【写真9】、丸山の遊女【写真10，11，12】、知人【写真13】など、辺の関係者が多い。

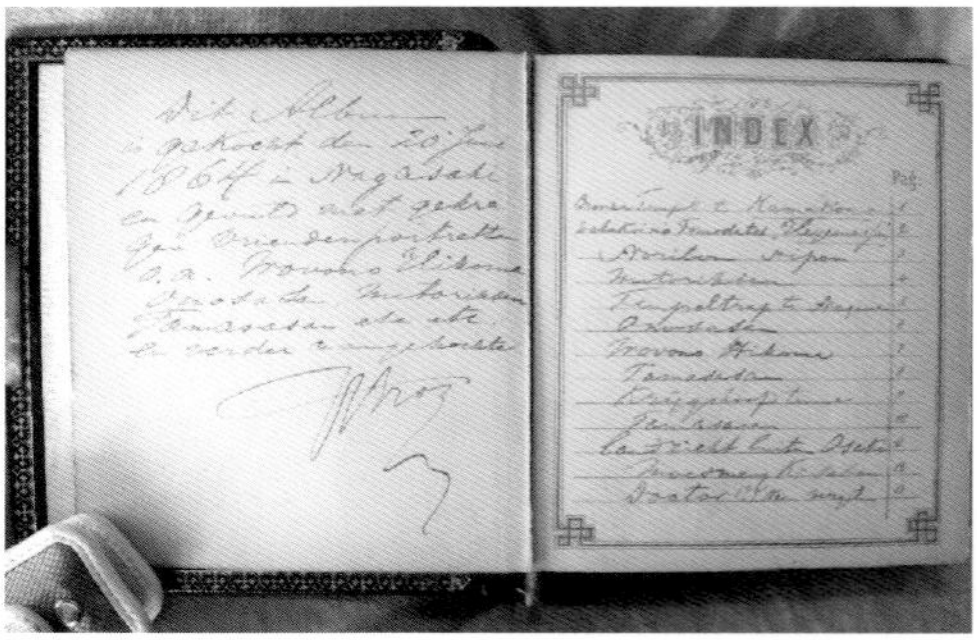

真3】と、その連れと思われる少しずれた彦馬の肖像写真（『アサヒカメラ』1933年11月号参照）が知られている。ガラスの大きさ（一八×一四センチメートル）からみて、藤堂公の支援で出島商人のアルベルト・ボードインから彦馬が購入した写真機は中型だったことがわかる。

●上野撮影局の開業

上野彦馬は文久二年秋に津から長崎に帰り、中島川河畔で父俊之丞が経営していた硝石精錬所跡地【図4】に上野撮影局を開業する。ここで初期に撮られた彦馬の写真で年代が確定できるものは少ないが、いくつかのポートフォリオ（写真集）を手がかりに、幕末における彦馬写真の編年的な推移を検討してみよう。

1 コックアルバムの彦馬写真

開業後、彦馬スタジオの写真で時期がわかるのは、オランダのライデン大学が所蔵している、オランダ海軍士官W・A・コック（Willem Arnoldus Kok 一八四五〜一九一六）持ち帰り

【写真7】上野彦馬　Wovono Hikoma
（ライデン大学図書館蔵）
撮影者：上野彦馬の弟子
撮影地：長崎
撮影年：元治元年（１８６４）。
名刺判。コック・アルバム。彦馬 26 歳の頃。

Collection: Leiden University Library, Print Room, inv. nr. PK-F-60.936

【写真8】8人のサムライたち　Groep je acht off(cers)（ライデン大学図書館蔵）
撮影者：上野彦馬の弟子　撮影地：長崎　撮影年：元治元年（1864）
名刺判。コック・アルバム。後列中央が彦馬、その右手は弟の幸馬。背後は荒れた硝石製錬所の跡。

【写真9】
弓の射手　Boogschutter
（ライデン大学図書館蔵）
撮影者：上野彦馬
撮影地：長崎
撮影年：元治元年（1864）
名刺判。コック・アルバム。彦馬の趣味は弓道であった。

【写真10】
母と娘
Moeder en dochter
（ライデン大学図書館蔵）
撮影者：上野彦馬
撮影地：長崎
撮影年：元治元年（1864）
名刺判。コック・アルバム。姉妹に見えるが、コックの目次によれば左が母親で右が娘のようである。

【写真 11】茶屋のムスメたち　Groep Moesmeis theeh（ライデン大学図書館蔵）
撮影者：上野彦馬　撮影地：長崎　撮影年：元治元年（1864）
名刺判。コック・アルバム。彦馬の遊女屋通いについては『長井長義長崎日記』に詳しい。

【写真 12】ムスメと小付け　Moesmei en Kotskei（ライデン大学図書館蔵）
撮影者：上野彦馬　撮影地：長崎　撮影年：元治元年（1864）
名刺判。コック・アルバム。「小付け」は遊女を世話する禿（かむろ）の呼び方、絨緞柄は彦馬スタジオの特徴。

【写真 13】タマサさん　Tamasa san （ライデン大学図書館蔵）
撮影者：上野彦馬　撮影地：長崎　撮影年：元治元年（1864）
名刺判。コック・アルバム。提灯の「桔梗の二引」は上野家の家紋、長崎大学附属図書館所蔵のベアトの初期ポートフォリオにも収載。

※【写真 7】～【写真 13】はライデン大学図書館所蔵であるが、 このうちの何枚かはベアトが直接撮影した可能性もある。ここでコックのいう「ムスメ」は、長崎では芸妓衆（ゲイコシ）と呼ばれた遊女のようである。

【写真14】薩摩の若殿
（江崎べっ甲店蔵）
撮影者：上野彦馬
撮影地：長崎
撮影年：慶応３年（1867）
２月３日
手札判。江崎アルバム。左・島津珍彦（久光の三男）、右・忠欽（同四男）。

のアルバム（22.0 × 18.3 × 9.0cm：以下コック・アルバム）の写真群である。

これには、コックが長崎と横浜で購入した名刺判の写真五〇枚が差し込まれている。元治元年（一八六四）から慶応元年（一八六五）にかけて、外輪蒸気船の軍艦アムステルダム号で航海中に収集された。中扉には「このアルバムは一八六四年六月二十日に長崎で購入され、上野彦馬、オノサさん、ミトリコ（ミドリさん）、タマサさん等友人からもらった肖像写真や、購入した写真が収載する」と記されている【写真6】。つまりこの革装真鍮細工【写真5】のポートフォリオには一八六四年六月二十日以前、彦馬二十六歳頃、上野撮影局で撮られた写真が含まれているのである。このときからベアトとの交流が確認される。

2 彦馬の写真帳に見る幕末の長崎

上野彦馬の撮らえた幕末写真のベンチマークとなるのは、慶応二年（一八六六）から慶応三年（一八六七）にかけて撮られた写真を収載した私家版アルバム『江崎家所蔵上野彦馬幕末写真集』（以下江崎アルバム）と、それに少し遅れて集成された『上野彦馬幕末写真集』（長崎大学武藤文庫：以下武藤文庫アルバム）である。前者はべっ甲店江崎家六代目栄造《えいぞう》の嫁と、彦馬の長男陽一郎《よういちろう》の嫁が井手《いで》家出身の姉妹であることから江崎家に伝世されたものであり、後者は

【写真15】武士（江崎べっ甲店蔵）
撮影者：上野彦馬
撮影地：長崎
撮影年：慶応2～3年（1866～67）
手札判。江崎アルバム。

【写真16】くつろぐ庶民（江崎べっ甲店蔵）
撮影者：上野彦馬　撮影地：長崎
撮影年：慶応2～3年（1866～67）
手札判。江崎アルバム。

長崎高等商業学校の武藤長蔵教授のコレクションである。

江崎アルバムのポートフォリオには、名刺判（平均8.6×9.7cm）一二七枚、手札判（同14.8×9.7cm）四六枚、大判（同17.8×21cm）一四枚、合計一八七枚の写真が貼り付けられている。大判は、ベアト撮影と判明している写真と重複していることから、彦馬がベアトから譲り受けたもののようである。したがって名刺判と手札判が彦馬自身の撮影ということになる。とすればこの時期、彦馬は中型と小型の二種のカメラ、あるいは中小のガラス種板で幕末長崎の人物と風景を撮っていたことになる。

江崎アルバム収載の彦馬写真の特色は、第一に幕末長崎の身分社会の活写である【写真14・15・16】。第二に、被写体に中立なカメラ特性と、彦馬の多彩な好みにより、ジェンダーフリーで女性や芸妓衆（遊女）、子供たちが撮られている【写真17・18・19・20】。第三に、時代を照ら

【写真17】女性と子どもたち（江崎べっ甲店蔵）
撮影者：上野彦馬
撮影地：長崎
撮影年：慶応2～3年（1866～67）
手札判。江崎アルバム。

すワイン、ピストル、写真帳、地球儀・新宗教といった幕末の風俗が写し込まれている【写真21・22・23・24・25・26】。

以上のように江崎アルバムから彦馬が撮らえた幕末長崎の世相が浮かび上がるのであるが、

（本文74ページに続く）

【写真18】遊女たち
（江崎べっ甲店蔵）
撮影者：上野彦馬
撮影地：長崎
撮影年：慶応2～3年（1866～67）
手札判。江崎アルバム。

【写真19】ロシア士官と遊女たち
（江崎べっ甲店蔵）
撮影者：上野彦馬　撮影地：長崎
撮影年：慶応2～3年（1866～67）
手札判。江崎アルバム。

【写真 20】美人
（江崎べっ甲店蔵）
撮影者：上野彦馬
撮影地：長崎
撮影年：慶応２～３年
（1866 ～ 67）
手札判。江崎アルバム。

【写真 21】
ワインを汲み交わす武士たち
（江崎べっ甲店蔵）
撮影者：上野彦馬
撮影地：長崎
撮影年：慶応2～3年（1866～67）
手札判。江崎アルバム。

【写真 22】
ピストルをもつ洋軍装の若者
（江崎べっ甲店蔵）
撮影者：上野彦馬
撮影地：長崎
撮影年：慶応2～3年（1866～67）
手札判。江崎アルバム。

【写真 23】
写真帳をかざす娘
（江崎べっ甲店蔵）
撮影者：上野彦馬
撮影地：長崎
撮影年：慶応２～３年（1866 ～ 67）
手札判。江崎アルバム。

【写真24】
地球儀を眺める武士たち
（江崎べっ甲店蔵）
撮影者：上野彦馬
撮影地：長崎
撮影年：慶応２～３年（1866 ～ 67）
手札判。江崎アルバム。

【写真25】
大浦天主堂
（江崎べっ甲店蔵）
撮影者：上野彦馬
撮影地：長崎
撮影年：慶応２～３年
（1866～67）
手札判。江崎アルバム。

【写真26】
道教の道士
（江崎べっ甲店蔵）
撮影者：上野彦馬
撮影地：長崎
撮影年：慶応２～３年
（1866～67）
手札判。江崎アルバム。

【写真27】ラッパを持つ若い武士と外国人
（長崎大学附属図書館経済学部分館蔵）
撮影者：上野彦馬　撮影地：長崎
撮影年：慶応3～4年（1867～68）
手札判。武藤文庫アルバム。幕末の長崎の「戊辰戦争」。

【写真 28】オルトとサムライたち
（長崎大学附属図書館経済学部分館蔵）
撮影者：上野彦馬
撮影地：長崎　撮影年：慶応3～4年（1867～68）
手札判。武藤文庫アルバム。外国人との交流。

【写真29】ロシア海軍将校とムスメたち
（長崎大学附属図書館経済学部分館蔵）
撮影者：上野彦馬　撮影地：長崎　撮影年：慶応３～４年（1867～68）
手札判。武藤文庫アルバム。外国人との交流。

【写真30】宣教師と英語学生（長崎大学附属図書館経済学部分館蔵）
撮影者：上野彦馬　撮影地：長崎
撮影年：慶応3～4年（1867～68）
手札判。武藤文庫アルバム。米聖公会宣教師チャニング・ムーア・ウイリアムズと英語学生たち。左の入光の台形は坂本龍馬の立像写真と同じである。

【写真 31】松江の長崎訪問団（長崎大学附属図書館経済学部分館蔵）
撮影者：上野彦馬　撮影地：長崎　撮影年：慶応3年（1867）8月17日
手札判。武藤文庫アルバム。前列は岩佐父子と上級武士、後列は廻船問屋の藤間稲左衛門・勇蔵父子と従者。

【写真32】佐賀藩村田若狭政矩一行
（長崎大学附属図書館経済学部分館蔵）
撮影者：上野彦馬　撮影地：長崎
撮影年：慶応2年（1866）
手札判。武藤文庫アルバム。前列中央が村田政矩。彼は慶応2年5月14日フルベッキからプロテスタントの洗礼を受けた。

【写真33】
上野撮影局から英彦山を望む
（江崎べっ甲店蔵）
撮影者：上野彦馬　撮影地：長崎
撮影年：慶応2〜3年（1866〜67）
手札判。江崎アルバム。

【写真34】
長崎の町越しに稲佐山を望む
（江崎べっ甲店蔵）
撮影者：上野彦馬　撮影地：長崎
撮影年：慶応2〜3年（1866〜67）
手札判。江崎アルバム。後方の山は対岸の稲佐方面。

時代が少し下る慶応三年〜明治元年（一八六七〜六八）頃に撮影された、手札判写真五〇枚（内三枚は後貼り）を貼り付ける武藤文庫アルバムは、さらに長崎における明治維新の過渡期をとらえている。

　その第一の特徴はまず「長崎の戊辰戦争」である【写真27】。さらに第二に、外国人との交流の多面的なシーンが切り取られる【写真28・29】。また第三に、旺盛な洋学修行の学生や、藩から送られた長崎訪問団が写し撮られている【写真30・31・32】。こうして幕末の二冊の彦馬のアルバムは、この時代の長崎における社会と生活および人物交流の一端をリアルに映し出す。

3 ベアトから風景写真を学んだ彦馬

　ベアトは、元治元年（一八六四）初夏の長崎訪問を皮切りに、たびたび当地を訪問し、その都度彦馬との交流を深めた形跡がある。江崎アルバムには、彦馬の風景写真術の飛躍におけるベアトの決定的影響の証拠を見いだせる。

　中型カメラで撮ったこのアルバムの彦馬の風景写真は、構図や構成を無視し、被写体を写し

【写真35】
上野撮影局から山を望む
（江崎べっ甲店蔵）
撮影者：上野彦馬
撮影地：長崎
撮影年：慶応2〜3年（1866〜67）
手札判。江崎アルバム。

【写真36】居留地の波止場
（江崎べっ甲店蔵）
撮影者：上野彦馬
撮影地：長崎
撮影年：慶応2〜3年（1866〜67）
手札判。江崎アルバム。下り松50番付近。後方は稲佐山。

しただけの未熟なものであった【写真33・34・35・36】。これに比して、アルバムに挟み込まれたベアトから提供された大判の映像は、構図や構成技法が卓越し、精細である【写真37・38・39】。

ベアトの大型写真を手元に置けた彦馬は、ベアトから直接聞いた話と総合して、写真術に磨きをかけたようである。やがて明治元年（一八六八）に彦馬のスタジオを訪問するオーストリアの写真家ウィルヘルム・ブルガーの大型カメラの迫力の影響もあり、明治初年に大型カメラの入手に成功したようである。この大型カメラによる風景表現技術の模倣を通じた道具的・技法的な飛躍的改善は、明治六年のウィーン万博に出品した作品【写真40】や、同時期に集成された長崎大学附属図書館蔵の『上野彦馬明治初期写真集』の映像に顕れている。【写真40・41・42】。

見てきたように、彦馬の幕末および明治初期のポートフォリオは、彦馬の写真技術の進化とともに、幕末長崎に生きた人物や風景を鮮やかに蘇えらせている。

【写真 37】
上野彦馬邸前の銭屋川
（江崎べっ甲店蔵）
撮影者：ベアト　撮影地：長崎　撮影年：慶応２～３年（1866 ～ 67）
大判。江崎アルバム。

左上・【写真 38】大浦居留地
（江崎べっ甲店蔵）
撮影者：ベアト
撮影地：長崎
撮影年：慶応２～３年（1866 ～ 67）
大判。江崎アルバム。

左下・【写真 39】風頭から長崎市街と長崎港を望む
（江崎べっ甲店蔵）
撮影者：ベアト
撮影地：長崎
撮影年：慶応２～３年（1866 ～ 67）
大判。江崎アルバム。

【写真 40】「長崎港　第二」『長崎市郷之撮影二十四図』（東京国立博物館蔵）
撮影者:上野彦馬　撮影地:長崎　撮影年:明治５年（1872）頃　大判。『ウィーン万博出品アルバム』。

【写真 41】　上野彦馬邸と銭屋川（長崎大学附属図書館蔵）
撮影者：上野彦馬　撮影地：長崎　撮影年：明治５年（1872）頃
大判。『上野彦馬明治初期アルバム』。

【写真 42】稲佐崎の和船（長崎大学附属図書館蔵）
撮影者：上野彦馬　撮影地：長崎　撮影年：明治５年（1872）頃
大判。『上野彦馬明治初期アルバム』。

宇土櫓から見た熊本城
（冨重寫眞所蔵）
撮影者：冨重利平
撮影地：熊本
撮影年：明治７年（1874）
24.3 × 29.7cm。加藤清正が慶長６年（1601）から６年乃至８年がかりで築城した熊本城。利平は鎮台からの依頼で熊本城域の各所を数多く撮影している。明治 10 年（1877）の西南戦争において天守閣は炎上したが、利平による写真などを基に昭和 35 年（1960）に外観が復元された。

熊本の写真師・冨重利平

——上野彦馬　生涯の愛弟子

鳥海早喜（日本大学芸術学部専任講師）

外国人から手探りで写真術を学んだ上野《うえの》彦馬《ひこま》や下岡《しもおか》蓮杖《れんじょう》らによって開拓された日本の写真文化は、彼らに弟子入りした第二世代が続いて開業することで日本全国に波及していく。ここでは彦馬から写真を学び、約一五〇年の時を経て現在も子孫が写真館を継承する他に例を見ない写真館「冨重写真所」を開設した熊本の写真師・冨重《とみしげ》利平《りへい》について紹介する。

◆冨重利平と冨重写真所

天保八年（一八三七）筑後国柳川に生まれた冨重利平は、一七歳になると長崎へ出稼ぎに向かう。そこで写真の新奇性と将来性に着目し、文久二年（一八六二）、彦馬のもとで修業した写真師亀谷《かめや》徳次郎《とくじろう》の門に入る。文久二年といえば彦馬や蓮杖が開業するなど日本写真が大きく動き出した年である。

入門から二年後、利平は彦馬に弟子入りする。慶応二年（一八六六）には郷里柳川で開業するが、写真は未だ新業種であり小さな城下町での営業は困難であった。同門の内田《うちだ》九一《くいち》が東京で成功していることを知った利平は、明治三年（一八七〇）、東京を目指し熊本まで辿り着く。ここで陸軍少将井田《いだ》譲《ゆずる》から報告用の写真撮影を依頼される。写真の精巧さが評判となり県からの仕事も舞い込むようになる。双方から強く懇願された利平は、熊本に留まることを決意する。

軍と県の御用写真師となった利平は、熊本城をはじめとする公的な写真撮影や、鎮台に来る軍人や迎える花街の娘などの撮影に取り組む。明治十年、西南戦争による火災で家屋を失っても仮写場を設け営業を続けた。乃木《のぎ》希典《まれすけ》中佐に依頼された西南戦争の記録撮影の仕事もあり、その年のうちに塩屋町明十橋通り（現在地）に写場を設け「冨重写真所」を再開する。

その後も、明治三大築港の一つである宇土郡三角港の撮影など多くの公的な記録写真を手掛ける。明治二十四年には、写真師増加による価格問題を考慮し熊本写真師同盟を結成。自ら会長を務め地域全体の写真文化の発展に尽力する。その後は、写真師としての技術や精神を、二代目徳次や弟子たちに継承しながら名実ともに熊本の名士として活躍を続け、大正十一年（一九二二）に逝去する。

◆日本写真の開拓者

このように生涯を辿ると彦馬と利平の関係は修業時代のわずか二年程度に見えるが、二人の関係はその後も長く続いている。

冨重写真所には彦馬からの書簡が残されている。その中心は、利平が彦馬に購入依頼した機材や薬品を送る際の内訳である。詳細は参考文献に挙げた阿蘇品保夫氏の報告によるが、薬品の特徴や配合方法、背景布の制作方法といった当時の新知識などが書かれている。薬品類の品質が安定しない時代にあって、彦馬の経験から成る正確な判断による配給と助言という後ろ盾

熊本城、飯田丸を望む（長崎大学附属図書館蔵）
撮影者：冨重利平
撮影地：熊本
撮影年：明治７年（1874）
21.7 × 27.2cm 。飯田丸は熊本城本丸南西に位置する防衛の要であった。手前の櫓は飯田丸五階櫓。明治７年 (1874) に取り壊されたが、平成 17 年 (2005) に復元された。現在の櫓は宇土櫓を除き復元されたものであるが、写真にも写されている「石垣ハ加藤清正ノ一流アリ」と称された石垣は現在もその姿を当時のままに残している。

【主要参考文献】
『冨重利平作品集』昭和五十二年 冨重利平作品集刊行会／『第十五回熊本の美術展 冨重写真所の130年』平成五年 熊本県立美術館／『熊本県文化財調査報告書第183集 冨重写真所資料調査報告書』平成十一年 熊本県教育委員会／『シンポジウム冨重写真所 温故創新 歴史価値の継承と未来価値の創造』平成二十六年 熊本学園大学付属産業経営研究所

は大きかったと考えられる。また、時に彦馬は「楕円之中、人物之肩、左右高低ナキヨウ、顔之イガミナキヨウ、躰の位置不格好ナラザルヨウは、写真師之極念ヲ入るベキ事と相考申候、写真之手際宜しきも、躰之位置不格好ナルハ、外国抔之写真師抔ハ大ニ恥る處ナリ、猶一層御注意御写し可被下候」と記し、人物は正確に美しく撮影しなければならないと指摘している。利平の端正な肖像写真は、このような彦馬による指導の成果であったのかもしれない。一方で利平もただ教えを受けていたばかりではない。当時貴重であった暗室作業用の赤硝子を普通硝子で代用する工夫や、未発達であった写真修整技術の実用方法を彦馬に伝授している。外国製品の輸入に頼るばかりでなく、国内にある身近なものを改良した写真術を試みていたのである。材料商であったわけでもない彦馬が、熱心に機材や薬品を提供し続けたのは、このような利平の姿勢ゆえだったのではないだろうか。

冨重利平は日本写真の開拓者である上野彦馬とともに、師弟という関係性を越え、むしろ同志として、写真という文化を耕す役目を大いに担った写真師だったのである。歴史を紐解くとき、我々はそのはじまりに目を向けがちである。しかし、現在に続くまでには変化する社会の中で、文化を育てながら継承した人物が存在しているのである。

横浜の写真師たち――幕末から明治へ

斎藤多喜夫（古写真研究家）

清水東谷（1841～1907）
（『日本の写真史』所収）

●写真による日本情報の発信基地としての横浜

現在、写真館というと肖像写真や記念写真を思い浮かべる。それは昔も変わらなかった。しかし、幕末・明治の横浜の写真館には、それ以外のビッグ・ビジネスがあった。それは、日本の名所風景や日本人の風俗習慣を写真に撮り、外国人に販売することであった。いわゆる「名勝風俗写真」である。

　このビジネスの淵源は十九世紀中頃のヨーロッパに遡る。その頃、未知の世界に分け入り、写真によって映像を収集するアドヴェンチャー・フォトグラファーが登場した。ロンドンのネグレッティ＆ザンブラ社のように、それをビジネスにするヴェンチャー企業も現れる。同社はクロード・マリー・フェリエやフランシス・フリースなどの写真家を東地中海からアフリカにかけて派遣し、彼らが収集した映像を組写真として販売することに成功した。ちょうどその頃、日本が鎖国を解いた。彼らがそのチャンスを逃すわけはなかった。さっそくピエール・ロシエが派遣されて、江戸・横浜・長崎でステレオ写真の撮影を行い、その成果を組写真として販売した。フェリーチェ・ベアトらがこれに

横浜写真アルバム
（横浜開港資料館蔵）
撮影者：日下部金兵衛
撮影年：明治中期
折れ本形式で、50枚の鶏卵紙焼付手彩色写真が収録されている。

幻灯板ガラス写真
（横浜開港資料館蔵）
撮影者：日下部金兵衛
撮影年：明治中期
手彩色。ガラスの上に感光膜を作って写真を焼き付け、彩色したもの。石油ランプを光源とする幻灯器で映し出した。現在のカラー・スライドに相当する。

続いた。やがてそのビジネスに日本人が参入し、横浜は写真による日本情報の発信基地になっていく。

　組写真はおもに三つの形態に分化した。紙媒体の場合、製本されてアルバムになった。ステレオ写真やガラスに定着される幻灯板写真の場合、箱単位でまとめられる。名勝風俗写真を特徴づけたのはアルバムと幻灯板であった。これらは横浜が制作・販売の中心だったので横浜写真と呼ばれる。

●第一世代の写真家たち

　幕末・明治の横浜の写真の歴史は、撮影と印画の技術によって、三つの時期に分けることができる。

一、湿板写真の時代―横浜写真の生成期
二、乾板写真の時代―横浜写真の全盛期
三、コロタイプ印刷の時代―横浜写真の衰退期

　それぞれの時代に代表的な写真家がいた。別表によってそれを見ていこう。

　①には日本の写真界のパイオニアの名が並んでいる。下岡蓮杖《しもおかれんじょう》は言わずと知れた日本人営業

蓮杖の馬車道の写真館（横浜開港資料館蔵）
撮影者：不詳　撮影地：横浜　撮影年：幕末～明治初期
慶応３年（1867）太田町５丁目（現在の 77 番地）に開設された支店。廂の上に富士山をかたどった看板や「相影楼」「全楽堂」の額、コーナーに PHOTOGRAPHER RENJIO'S BRANCH HOUSE の文字が見える。一族の弟子、桜田安太郎が継承した。『アサヒグラフ』臨時増刊写真百年祭記念号（大正 14 年）より。

声色使い（東京都写真美術館蔵）
撮影者：下岡蓮杖　撮影地：横浜
撮影年：幕末～明治初期
鶏卵紙。

写真家の元祖の一人であり、文久二年（一八六二）から営業活動を始め、明治初期に全盛期を迎えていた。内田《うちだ》九一《くいち》は明治元年（一八六八）、清水東谷《しみずとうこく》も同じ頃、横浜馬車道に揃って写真館を構えた。しかし、三人とも横浜に腰を落ち着けることはなかった。内田は翌二年、東京に進出し、東京と横浜を股にかけて活躍したが、八年に若くして没した。清水は明治五年頃東京に進出、蓮杖は明治八年頃東京へ移った。彼らが植えた苗は、次の世代の写真家たちによって花開くことになる。

吉田庸徳（行田市郷土博物館蔵）
撮影者：下岡蓮杖　撮影地：横浜　撮影年：慶応４年（＝明治元年 1868）
ガラス湿板写真。桐板に「慶応四年歳次戊辰八月八日横浜弁天通五町目蓮杖写之　干時二十五歳」の墨書。吉田庸徳は、忍藩に生まれ、和算、洋学を学び、忍藩に新設された培根堂の教授となった。

結髪・佩刀の伊藤博文（横浜開港資料館蔵）
撮影者：内田九一　撮影地：横浜　撮影年：明治初期
鶏卵紙。内田九一の横浜馬車道のスタジオで撮影。内田の死後、横浜の写真館は長谷川吉次郎が継承した。

桜田親義（港区立港郷土資料館蔵）
撮影者：清水東谷　撮影地：不詳
撮影年：明治初期
鶏卵紙。桜田は元宇和島藩士。おもに外務関係の要職を歴任した。

木戸孝允（港区立港郷土資料館蔵）
撮影者：内田九一　撮影地：横浜
撮影年：明治初期
鶏卵紙。これも内田九一の横浜馬車道のスタジオで撮影。右ページの伊藤博文の写真と敷物は別だが、欄干は同じ。

内外人集合写真（横浜開港資料館蔵）
撮影者：清水東谷　撮影地：横浜　撮影年：明治初期
鶏卵紙。清水東谷の横浜馬車道のスタジオで撮影。右は台紙裏。

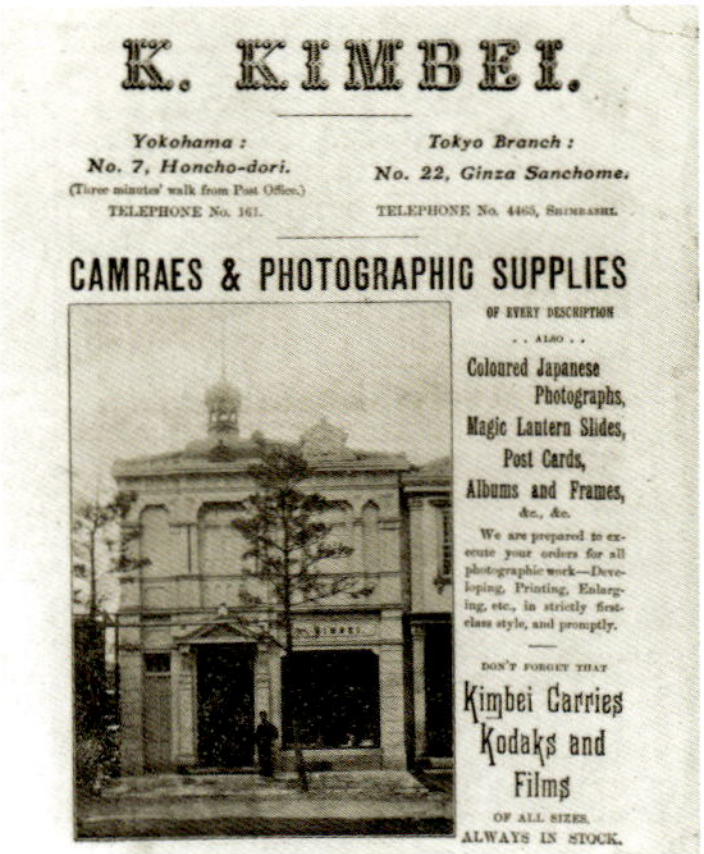

日下部金兵衛の広告
（横浜開港資料館蔵）

着色写真・幻灯板・絵葉書を制作していたほか、コダック社の製品の輸入元であったことがわかる。写真は本町１丁目にあった写真館の建物。*The City of Yokohama Past and Present*（1908）より

●第二世代の写真家たち

明治十年代、東京では浅草を中心に写真館が乱立したことが知られている。別表から、横浜でも同様だったことがわかる。そのなかから臼井《うすい》秀三郎《ひでさぶろう》、鈴木《すずき》眞一《しんいち》、日下《くさか》部《べ》金兵衛《きんべえ》、玉村康三郎《たまむらこうざぶろう》らが頭角を現し、横浜写真の全盛期を担った。臼井と鈴木は蓮杖、日下部はベアト、玉村は金丸源三《かなまるげんぞう》の弟子であり、第二世代という共通点があった。

臼井がもっとも早く、明治二年（一八六九）頃、臼井蓮節《れんせつ》の名で独立、次いで明治六年に鈴木が独立した。日下部は明治十四年頃開業、玉村は翌明治十五年に東京から移ってきた。新たに導入された乾板写真技術を駆使して日本の風景・風俗を撮影し、水彩絵具で彩色を施し、蒔絵の表紙で装丁したアルバムや幻灯板写真にまとめて販売したのは彼らであった。

彼らはいずれも国際派という共通点をもっていた。鈴木は娘婿の岡本圭三《おかもとけいぞう》（二代眞一《しんいち》）をアメリカに留学させている。臼井はシュティルフリート＆アンデルゼンの経営する日本写真社の社員ダグラスから技術指導を受け、明治十七年に日本写真社の隣の外国人居留地一六番地で横浜写真社を興した。明治十五年と翌年にはイギリスの博物学者ギルマールに同行し、日本各地を撮影している。玉村は早くから横浜写真の輸出に努め、明治二十九年にはフランシス・ブリンクリー編の大著『日本』に貼付するための四〇万枚余の写真をボストンの出版社ミレット社に輸出した。

明治十五年度から『大日本外国貿易年表』に「写真画（Photographs）」の輸出額が記録されるようになる。輸出額はしだいに増加し、明治二十五年にピークを迎える。幕末に外国人写真家によって始められた写真による日本情報の発信が、日本人写真家によって輸出産業にまで発展したのである。明治三十年代になると、神戸や長崎からもかなりの量が輸出されている。ま

鉄道開業式当日の横浜駅（横浜都市発展記念館蔵）
撮影者：臼井秀三郎　撮影地：横浜　撮影年：明治５年（1872）
鶏卵紙。手彩色。９月12日の式典当日の模様。明治天皇をはじめ、政府高官や内外人の招待客出席のもと、盛大に挙行された。大岡川を挟んだ対岸の外務省接客所から撮影。

た写真の主題は全国をカバーしており、その意味では「横浜写真」という言葉は誤解を招く恐れがある。当時用いられていた「名勝風俗写真」のほうが正確かもしれない。しかし、それが横浜で生み出され、終始横浜が制作・販売の中心だったことは事実である。

横浜馬車道の枡屋（横浜開港資料館蔵）
撮影者：鈴木眞一　撮影地：横浜
撮影年：明治前期
鶏卵紙。手彩色。製茶問屋の初荷風景。常盤町４丁目にあった。

ブリンクリー編『日本』
（横浜開港資料館蔵）
撮影者：玉村康三郎
撮影年：明治後期
編者はイギリス人ジャーナリスト。日本に関する総合的な解説書。ボストンで 1901 年に出版された。全 10 巻。豪華限定版には玉村康三郎の制作になる鶏卵紙焼付手彩色写真が貼付されている。

横浜写真アルバムの表紙
（横浜開港資料館蔵）
撮影者：日下部金兵衛
撮影年：明治中期
蒔絵に螺鈿細工を施した木製の表紙。絵柄の主題は忠臣蔵。

●第三世代の写真家たち

『大日本外国貿易年表』をたどっていくと、写真画の輸出額は明治三十年代半ば頃から急速に衰退し、記録は明治三十四年度で終わっている。何が起きたのだろうか？　基本的には画像情報の媒体が変化したのだと思う。変化をもたらしたものの一つはコロタイプ印刷の普及であった。

コロタイプ印刷によって、写真印画に匹敵する画像を量産することができるようになった。日本ではアメリカで技術を習得した小川一眞《おがわかずまさ》が明治二十一年に事業化したのが最も早い。横浜写真の制作者たちもさっそくこの技術を取り入れた。玉村はコロタイプ印刷に手彩色を施したアルバムを制作しているし、日下部もコロタイプ印刷を活用した絹団扇などの新製品を生み出した。これらは「ポスト横浜写真」の新事業だったが、横浜写真の終わりの始まりでもあった。

明治三十三年、新しい郵便規則で私製葉書の使用が認められるようになると、葉書にコロタイプ印刷で写真を印刷し、手彩色を施した絵葉書が大流行する。それによって安価に画像情報が提供されるようになり、横浜写真の市場が奪われていく。写真と彩色の両方の技術の蓄積がある横浜は彩色絵葉書制作の中心地ともなった。

明治三十年代には、それ以外にもロールフィルムや印画紙POPの普及、アマチュア写真家の増大といった現象が起きた。芸術写真やステレオ写真の流行など、多様化も進んだ。別表の⑤⑥はこの時代の写真家を示している。ベアト↓シュティルフリート↓ファルサーリと引き継

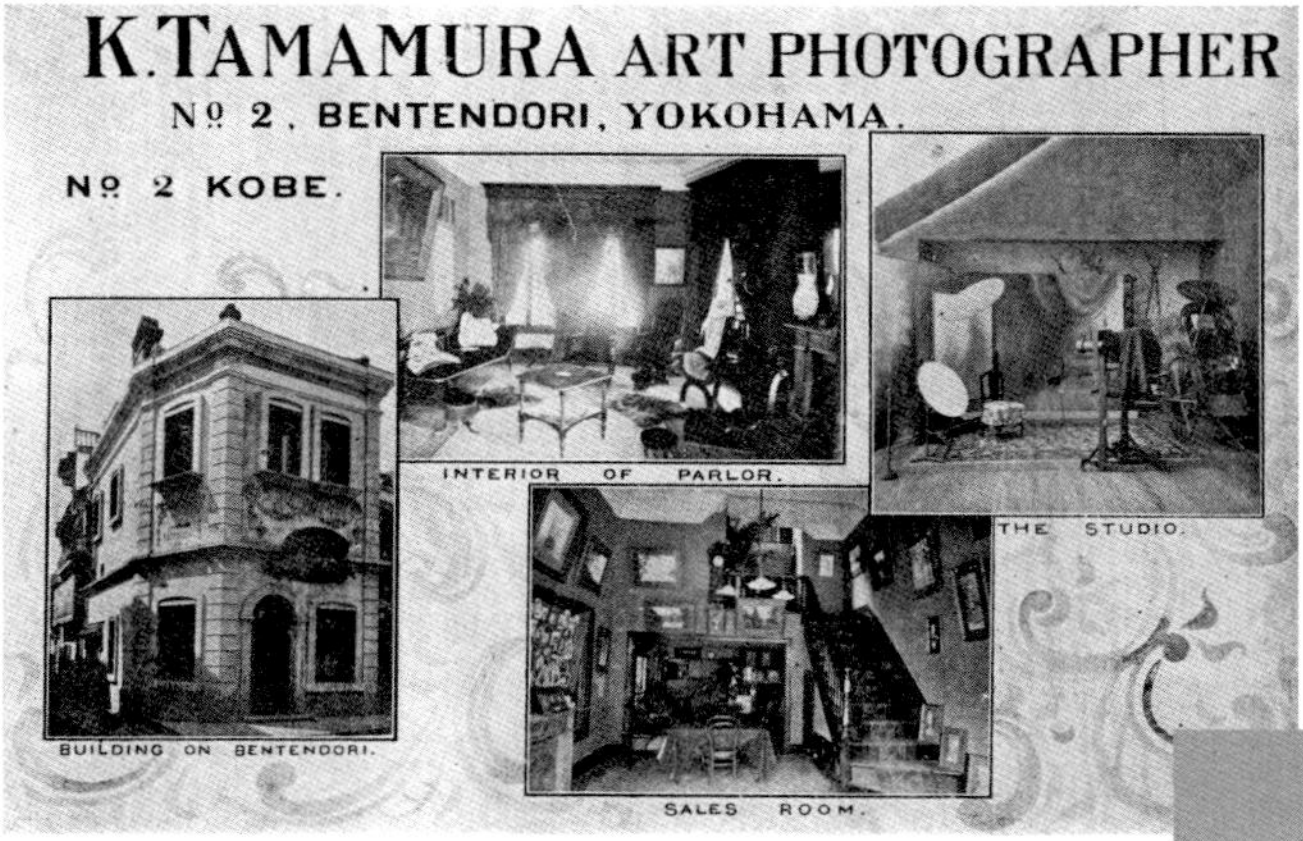

玉村写真館の広告（横浜開港資料館蔵）
撮影年：大正期
大正５年（1916）、尾上町５丁目に新築・移転後のもの。写真館の外観と内部がわかる。*The Japan Advertiser Directory*（1903）より。

絹団扇写真（横浜開港資料館蔵）
撮影者：日下部金兵衛
撮影年：明治後期
絹地にコロタイプ印刷を施し、着色したもの。

がれてきた居留地の老舗の写真館ファルサーリ商会も、この時期には殿倉《とのくら》常太郎《つねたろう》や深川《ふかがわ》伊都磨《いとまろ》ら日本人の経営に移った。鈴木眞一門下の萩原《はぎわら》捨次郎《すてじろう》、ファルサーリ商会出身の福田《ふくだ》京助《きょうすけ》、玉村写真館出身の樫山《かしやま》敬吉《けいきち》などの存在も世代交代をよく示している。

別表には漏れているが、横浜写真の伝統を活かしながら、多様化の時代に対応した横浜の写真家に江南《えなみ》信国《のぶくに》がいる。小川一眞のもとで学び、明治二十五年に開業、手彩色を施したコロタイプ印刷の写真のほか、幻灯板写真やステレオ写真も手掛け、海外でも高く評価された。

【参考文献】
横浜開港資料館編『彩色アルバム　明治の日本―「横浜写真」の世界』（有隣堂、二〇〇三年）／斎藤多喜夫『幕末明治　横浜写真館物語』（吉川弘文館、二〇〇四年）／Terry Bennett, *Photography in Japan 1853-1912* (Tokyo/Singapore, Tuttle Publishing, 2006) ／横浜都市発展記念館・横浜開港資料館編『文明開化期の横浜・東京―古写真でみる風景』（有隣堂、二〇〇七年）

【別表】明治時代の横浜の写真家たち

第1世代①	第2世代②③④	第3世代⑤⑥	備　考
下岡蓮杖	桜田安太郎 全楽堂安五郎		安五郎は安太郎の誤り。下岡蓮杖の一族で蓮杖の馬車道の写真館を継承した
内田九一			長崎で上野彦馬とともにポンペから写真を学ぶ。横浜の写真館は弟子の長谷川吉次郎が継承
清水東谷			シーボルトの弟子
	臼井秀三郎		蓮杖の弟子
	鈴木東谷	鈴木東谷	清水東谷の弟
	木村惣兵衛		
	守家八十八		
	金丸せい		
	日下部金之助 日下部金兵衛	日下部金兵衛 日下部金幣	ベアトの助手。金之助は金兵衛の誤り
	前村幾三郎 玉影軒幾太郎	前村幾太郎	
	鈴木真一 鈴木真	鈴木真一 鈴木伊三郎	蓮杖の弟子。明治22年、初代真一は真と改名。30年、長男伊三郎が家督を継ぎ、一時真一を名乗った
	今西弥惣次		
	三田菊二	三田勝之助	菊二は菊次郎の誤り。勝之助は子息
	玉真堂影与		
	山本卯之助		
	大住堂宗三郎		
	山盛舎		
	進盛楼		
	玉村康三郎	玉村康三郎	金丸源三の弟子。玉村騎兵衛が跡を継いだ
	真野徳次郎		
		ヱフアサリ写真館 殿倉常太郎 深川伊都麿	
		金丸亦四郎	金丸源三の子息
		田島貞行	
		筒井仙幽 筒井ハナ	ハナは仙幽の娘
		山茂登屋 山本ゑい	
		山本廉平	
		山辺商会 山辺善次郎	
		福田京助	北庭筑波・小川一真門下、ファルサーリ商会・玉村写真館出身
		鈴木鈴之助	清水東谷の長男
		小川写真店	日下部金兵衛の娘婿、小川佐七の経営
		宮島謙造	
		萩原捨次郎	鈴木真一門下
		樫川敬吉	玉村写真館出身。樫川は樫山の誤り

①「大港光商君」：刊行年月の記載はないが、同じ版元（佐野屋富五郎）が「明治三年庚午十月官許」として出版した「新鐫横浜全図」と町名や丁番号の記載が一致するので、ほぼ同じころの出版と思われる

②『横浜商人録』：大日本商人録社、明治14年4月15日刊行

③『横浜細精記』：近藤道治、明治14年9月26日刊行

④『日本紳士録』：交詢社、明治22年刊行

⑤『横浜姓名録』：加藤大三郎、明治31年刊行

⑥『日本全国商工人名録』：商工社、明治39年刊行

薬指に指輪をした女性（石黒敬章氏蔵）
撮影者：下岡蓮杖　撮影地：横浜　撮影年：明治３年（1870）頃
鶏卵紙。テーブルクロスで蓮杖写場での撮影とわかる。

外国人がお土産にした横浜写真

井桜直美（日本カメラ博物館古写真研究員）

◆横浜写真とは

日米修好通商条約が締結された安政五年（一八五八）以降、日本はイギリス、ロシア、オランダとも同様の条約を結び、箱館、横浜、長崎、神戸、新潟が開港された。そこに造られた居留地には、各国の外交官や、未開の地に興味を抱き一旗揚げようとする外国人たちが集まってきた。そんな彼らが、帰国するときの土産として買い求めた品のなかに写真があった。

その写真には、日本の名所や居留地近辺の風景、または日本特有の習慣や生活の様子が写され、その多くは印画紙の上から色がつけられている。どこか、絵画的でオリエンタルな風情を漂わせている代物だ。

大きさは様々で、バラでも販売されていたが、五〇枚や一〇〇枚組のアルバム仕立てのものもあった。アルバムは、洋書風に製本されたものや、象牙や螺鈿細工、蒔絵で装飾された表紙の豪華なものである。近年になって、そのほとんどが横浜で販売されていたところから、「横浜写真」と総称されるようになった。

◆横浜写真の誕生

横浜港が正式に開港したのは安政六年のこと。翌年には横浜居留地五七番で雑貨商を営むO・E・フリーマンが商館の片隅で客の肖像写真だけを撮影していた。それが日本で最初の写真館となるが、「横浜写真」はまだ誕生していない。同年にイギリスのネグレッティ&ザンブラ社の特派員ピエール・ロシエが来日し、日本人や各地を撮影したが、それらの写真はイギリスで販売されたので「横浜写真」とはいえない。

横浜写真の黎明期となるのは、チャールズ・パーカーやフェリーチェ・ベアトが横浜居留地

ベアトの写真館で働いていた絵付け師たち（日本カメラ博物館蔵）
撮影者：フェリーチェ・ベアト　撮影地：横浜
撮影年：文久３年〜明治２年（1863 〜 1869）
台紙に貼られた名刺判サイズの写真の上から、絵付師と呼ばれる職人が画像に合わせて色を塗っている様子である。色を塗らないものもあったが、この技で写真の出来栄えが決まる。この頃の写真は、サイズにかかわらず一枚一枚手作業で彩色し、カラー写真のように仕上げたものが多くあった。

で写真館を開業した文久三年（一八六三）以降のことである。彼らが日本の風俗や風景写真を商品化して販売し始めた最初の写真家たちと呼べるであろう。

　同じ頃、隣接する日本人街でも、下岡蓮杖《しもおかれんじょう》が同じような写真を販売している。その後、続々と写真館は増えていった。客の肖像を撮影するだけの写真館もあったが、横浜写真を販売することがあたりまえのように定着していったようだ。

◆写真の値段はいくら？

　ところで、当時の写真はいくらぐらいしたのだろう。昔の貨幣価値、それにドルの相場を加えて割り出すのは至難の業であるが、横浜写真の代表的な形態である写真一〇〇枚入りのアルバムに的を絞って想定してみよう。

　明治初期の一ドルは約一円で現在の一万円相当になり、明治十六年から明治二十五年の間も、一ドルが約一円であるが現在の二万円相当になるようだ。明治三十年の一ドルは、約二円であるが現在の二万円相当といわれて

旅の女たち（日本カメラ博物館蔵）
撮影者：日下部金兵衛
撮影地：横浜もしくは東京
撮影年：明治中期（1887～1902）
書割と呼ばれる背景画の前での撮影。写真館内での撮影は、書割などで日本の風景や屋内の様子などを作り上げていた。モデルとなる女性たちの多くは、芸者を雇って演じさせることが多かったようだ。

いるらしい。それに現在一万七〇〇〇円と想定した米一俵の当時の物価を加えて大体を計算してみる。

ベアトが幕末期から明治二年（一八六九）頃に販売していたアルバムの値段は、一ドル二〇〇で現在の二〇〇万円となる。この時代はまだ洋書仕立てのアルバムで、六切り程の大きさの写真を貼ったものと思われるがかなりの高値だ。これを売ってベアトは大金を得ている。

それから一〇年以上たった明治十六年、ベアトの弟子であった日下部《くさかべ》金兵衛《きんべえ》が発売していた写真は、アルバムではないが手彩色8×10 inchで一ダース三・五円だった。現在の四万五〇〇〇円から七万円程になるが単純計算すると一〇〇枚で三八万円から五八万円相当となる。この辺が横浜写真の全盛期の相場だろうか。

金兵衛は明治二十五年に、漆表紙のアルバムを二五ドルで販売していた。当時五〇円と考えると現在三七万円から五〇万円相当である。ベアトの値段と比べると安くはなったが、それでもなかなかの土産品である。その後、横浜写真は写真印刷の発展とともに形態を変え徐々に消えていった。

横浜写真は、値段から想像すると富裕層の外国人が購入していたと思われる。きっと、彼らが母国に戻り家族に日本の土産話をする際、こんなところだったよと説明しやすい便利なアイテムだったはずである。中流家庭でもためらってしまうような値段ではあるが、一〇〇年以上

演奏する女たち（日本カメラ博物館蔵）
撮影者：鹿島清兵衛　撮影地：東京もしくは京都か大阪　撮影年：明治中頃（1895 ～ 1902）
窓から富士山が望める座敷の様子が描かれた書割が使われている。昔から海外では、日本といえば「富士山、芸者」とよくいわれた。それは、この頃の写真によく富士山が描かれた書割とモデルに芸者が使われていたところからではないだろうか。

蒔絵アルバムの表紙（日本カメラ博物館蔵）
作製者不詳。作製年は明治中頃（1895 ～ 1902）。360 × 274 × 42 ミリメートル。

たった今でも我々の目を楽しませてくれるスグレモノときたら案外、「安い買い物」だったのかもしれない。

江戸・東京の写真師たち

——西洋技術の受容と拡散

三井圭司（東京都写真美術館学芸員）

鵜飼玉川（1807〜1887）
（『日本の写真史』所収）

下岡蓮杖（1823〜1914）
（『日本の写真史』所収）

●江戸の営業写真館の幕開け

幕末期、日本初の営業写真館が創業した場所は、江戸である。さらに同じ頃、営業行為ではないものの、肖像写真の撮影を行っていた別の日本人もまた、江戸にいた。江戸は幕府の置かれた中心地であり、外国人遊歩区域外（つまり、訪日外国人を顧客にできない場所）で、彼らは西洋の技術である写真を普及したのである。開国によって、写真技術を理解する外国人が往来するようになった湊町よりも江戸のほうが、設立時期が早いという点はとても興味深い。

そして、大政奉還後の新政府による国家体制で首都となると、浅草・神田・日本橋などでさらに写真師の数は幾何級数的に増えていった。東京は明治時代に一大ビジネスへと成長する写真の中核地域となるのである。

●写真師・鵜飼玉川とジョン萬次郎

日本人の写真館は、江戸の薬研堀（現・東京都中央区東日本橋）で創業した。鵜飼玉川《うかいぎょくせん》（一八〇七〜一八八七、玉川三次とも号した）は、万延元年（一八六〇）に日本で最初に写真館を開業した横浜外国人居留地のフリーマン（Orrin Erastus Freeman、一八三〇〜一八六六）から写真技術及び機材を得て、万延元年から文久元

横井小楠像
（横井和子蔵／横井小楠記念館保管）
撮影者：鵜飼玉川
撮影地：不詳
撮影年：文久元年（1861）
アンブロタイプ。

年(一八六〇～一八六一)の間に写真館「真影堂」を開き、明治二年（一八六九）まで写真館を営んだ。[1]横浜で開業した下岡蓮杖《しもおかれんじょう》（一八二三～一九一四)も長崎で開業した上野彦馬《うえのひこま》(一八三八～一九〇四）も共に文久二年（一八六二）に開業したと考えられていることから、玉川の開業時期がこの二人を凌駕していることになるのである。なお、東京・谷中にある鵜飼家の墓所には、玉川の写真師としての功績を称えた写真塚碑がある。ここに埋められた大量の写真を含めて、玉川は、ガラスの作例しか見出されていない。フリーマンが、アンブロタイプ（撮影原板ガラスを直接鑑賞する写真方式）の作例しか制作せず、鶏卵紙等の印画紙へプリントする写真方式を用いていなかったからだと考えられる。

そして、さらに別の日本人とは、韮山代官江川太郎左衛門[2]に仕えた中浜万次郎《なかはままんじろう》（一八二七～一八九八）である。井伏鱒二《いぶせますじ》の小説『ジョン萬次郎漂流記』の主人公というほうがより著名であろう。漂流の末に米国船に助けられ、一〇年以上アメリカで生活した後に帰国した人物である。帰国後に直参旗本の地位を与えられ、韮山

小沢太左衛門像（江川文庫蔵）

撮影者：ジョン万次郎　撮影地：不詳　撮影年：万延元年（1860）
アンブロタイプ。包紙に「万延元年七月十六日、小沢神様写真御尊像御一面、恵霜斎所持、江川太郎左衛門源英口敬奉行持、敬慎」と記される。小沢太左衛門は若き伊豆韮山代官・江川英敏の後見役を務めた。

代官・江川英龍《えがわひでたつ》の配下となった万次郎は、万延元年（一八六〇）の遣米使節団に同行した際に、写真機材を入手した。

伊豆を中心に支配力をもっていた韮山代官は、韮山の他に江戸の本所南割下水（現・JR両国駅付近）に在所を与えられており、この江戸在所で、万次郎は持ち帰った機材を用いて江川家を訪れる高官らを撮影していたのである。

ところで、日本初期写真師の起点に位置する二人だけでなく、洋学研究によって彼らより早く写真技術を習得した島津藩においても共通することは、現存する写真が肖像に限られていることである。幕末期の日本人が写真に何を求めていたのかを考えるうえで、興味深い事実だといえる。

●明治天皇を撮影した内田九一

ちょうど玉川が廃業した明治二年（一八六九）、東京浅草瓦町（現JR浅草橋付近）に写真館を開業したのが内田九一《うちだくいち》（一八四四〜一八七五）である。明治天皇の肖像写真を撮影した人物としてとくに名高い写真師である。

明治天皇像（福井市郷土歴史博物館蔵）
撮影者：内田九一　撮影地：不詳　撮影年：明治５年（１８７２）
鶏卵紙。

伊勢　大湊（東京都写真美術館蔵）
撮影者：内田九一　撮影地：伊勢　撮影年：明治５年（１８７２）
鶏卵紙。

九一は長崎の出身で、後に徳川家茂《とくがわいえもち》の治療などもも行う御殿医（奥医師）となる松本良順《まつもとりょうじゅん》に庇護された。良順は西洋医学を修めた人物である。先に触れた玉川が薬研堀で開業したことも通底するが、写真と医療は共に薬品を取り扱う。現代ではこれらの距離は大きく離れてしまっているが、化学薬品に精通しなくては成立しないという点において同根であり、ことに写真の黎明期においては強い結びつきがあった分野である。実際に、長崎の医学伝習所を起点に最初期の写真師・彦馬が誕生している。九一も同伝習所で写真と関わりをもち、習得するに至った。この過程で、すでに開業していた上野彦馬撮影局に寄宿したこともあった九一だが、師弟という結びつきではなかったようである。

さて、長崎で写真館を開業しようにもすでに彦馬が名を馳せていたため、九一は郷里を出て神戸、大阪へと至り、それぞれの地で肖像写真の制作で糊口をしのいだ。大阪順慶町で開業した際は、ある程度の評判を得、これをステップにして慶応二年（一八六六）に横浜馬車道へと移る。ここを足がかりに浅草へ「九一堂万寿」

鳥羽群島（東京都写真美術館蔵）
撮影者：内田九一　撮影地：鳥羽　撮影年：明治５年（１８７２）
鶏卵紙。

を出店したのである。

　開業の二年後、明治四年（一八七一）に蜷川《にながわ》式胤《のりたね》（一八三五〜一八八二）の命によってすでに荒廃の一途をたどっていた江戸城の撮影が行われる。この依頼に答えたのは次に紹介する横《よこ》山松三郎《やままつさぶろう》（一八三八〜一八八四）であるが、このときに九一もテクニカルスタッフとして、撮影に参加している。

　そして、翌年に今上《きんじょう》天皇であった睦仁《むつひと》（明治天皇の肖像写真を撮影するのである。[3] この明治五年（一八七二）には、西国巡幸も行われた。慶応三年（一八六七）に大政奉還がなされ、翌慶応四年に東京改称の詔勅が発せられて政治の中心が大きく変容するとともに一都集権の政治構造となった。このような天皇中心の国家体制への変化を周知し、権威を明示するために様々な努力がなされた。行幸あるいは複数をめぐる巡幸もこのひとつであり、明治天皇は実に九七回の行幸を行ったことでも知られる。

　明治時代に入って最初の大規模な行幸である西国巡幸には九一も随伴し、訪れた風景を撮影したものをアルバムにして献上している。[4] 明治

横山松三郎
（新潟県立近代美術館・万代島美術館蔵）
撮影者：鈴木真一ヵ　撮影地：不詳
撮影年：明治中期
鶏卵紙。

江戸城馬場先門
（社団法人霞会館蔵）
撮影者：横山松三郎
撮影地：東京
撮影年：明治４年（1871）
鶏卵紙。『旧江戸城写真帖』より

勝海舟肖像（福井市立郷土歴史博物館蔵）
撮影者：内田九一　撮影地：不詳　撮影年：不詳
鶏卵紙。

九年（一八七六）にも奥羽地方への巡幸が行われたが、この前年に九一は亡くなっており、このため弟子の長谷川吉次郎《はせがわきちじろう》（生没不詳）と松崎晋二（一八五〇～没年不詳）が随行することとなった。九一が残した仕事として、政治的記録と同様に重要なものは、歌舞伎役者をその役柄として制作した肖像写真群である。

●下岡蓮杖の一番弟子横山松三郎

この九一の政治的記録の起点とも呼べる江戸城の撮影を中心的に行ったのが、択捉《えとろふ》島出身の横山松三郎[5]である。松三郎は函館でロシア帝国の初代領事ヨシフ・ゴシケーヴィチ（一八一四～一八七五）から写真の手ほどきを受けた。その後、蓮杖の一番弟子となり、慶応三年に上野不忍池端に「通天楼」を開業して肖像写真をはじめとする写真を制作した[6]。後に、油彩画や石版画等の研究も行う画塾が併設されることになる。明治三年（一八七〇）に日光山の撮影旅行を行い、ここで後に栃木県初の写真師となる片《かた》岡久米《おかくめ》（一八四七～一九一九、後の如松《じょしょう》）と出会い、技術を伝えた。長谷川吉次郎と巡幸の撮

影に参加、明治八年の小笠原調査に同行した。さらに翌年に制定される写真条例の立役者である松崎晋二[7]も松三郎の弟子である。

旧江戸城の記録は、太政官の少史であった蜷川式胤の依頼を受けて制作したもので、撮影された写真群の内一〇〇枚は式胤の編集による『旧江戸城写真帖』として制作された。[8] 湯島聖堂で開催された博覧会の出品物や文化財調査に同行しての撮影など、公的記録を行った。

明治九年からは陸君士官学校の教官となり、公的な立場から西洋作画技法を多角的に研究し、後進の育成にあたった。また、明治天皇、大正天皇それぞれの肖像写真を撮影したことで著名な丸木《まるき》利陽《りよう》(一八五四〜一九二三)の師は二見《ふたみ》朝陽《ちょうよう》(?〜一八八〇)であり、朝陽の師は北庭《きたにわ》筑波《つくば》(一八四二〜一八八七)である。筑波は松三郎の指導なしに写真師たり得なかったと考えられる。彼らに限らずこのような伝承による写真技術の拡散が明治時代の東京を舞台に繰り広げられた。

蓮杖と関わった人物を少しあげてみよう。江《え》崎《ざき》礼二《れいじ》(一八四五〜一九一〇)は乾板の使用に

北庭筑波（1842～1887）
（『日本の写真史』所収）

鈴木眞一（1835～1918）
（『日本の写真史』所収）

小川一眞（1860～1929）
（行田市郷土博物館蔵）

子供の武将
（後藤新平記念館蔵）
撮影者：鈴木眞一　撮影地：不詳　撮影年：明治中期
鶏卵紙に手彩色。

よって「早取写真師《はやどりしゃしんし》」として名を成し、明治三十一年には東京市会議員に選出された。鈴木《すずき》眞一《しんいち》（一八三五～一九一八、後の真《まこと》）は、陶器写真の開発者であり西五軒町（現・新宿区西五軒町）に女子写真伝習所を創設した。岡本圭三《おかもとけいぞう》（後の鈴木眞一、一八五九～一九一二）[9]は真と連携して九段で開業している。

フェリーチェ・ベアト（一八三四～一九〇九）の写真の彩色師としてはじまり、横浜本町だけでなく、東京銀座竹川町（現銀座七丁目付近）にも出店した日下部金兵衛（一八四一～一九三四）や、京橋区丸屋町（現銀座八丁目）に江木塔と呼ばれた六階建ての塔をもつ写真館を建てた江木松四郎《えぎまつしろう》（一八五六～一九〇〇）のように、この系譜と異なる人物もいた。紙幣になった夏目漱石の肖像写真で著名な小川一眞《おがわかずまさ》（一八六〇～一九二九）もその一人である。

● コロタイプ印刷を日本で最初に実用化した小川一眞

武蔵国忍藩（現・埼玉県行田市）出身の一眞は、最初に熊谷の吉原秀雄に師事して技術を習

夏目漱石
（県立神奈川近代文学館蔵）
撮影者：小川一眞
撮影地：東京
撮影年：大正元年（1912）

鈴木眞一写真の台紙裏
（後藤新平記念館蔵）
『子供の武将』（右写真）の台紙裏。

得後、明治十年に富岡製糸場（現・群馬県富岡市）付近で開業した。明治十五年に渡米して一八八〇年に販売が開始されたコダック社の乾板（Eastman gelatin dry plates）に代表されるゼラチン乾板写真方式やプラチナ写真方式、コロタイプ印刷技術などを学んだ。[10]

そして、帰国後に写真館「玉潤館」を開業。肖像写真の制作のほか、『東京百美人』Tokyo Snow Scenes など国内外へ向けたコロタイプ写真集を多数出版した。また、カラーコロタイプの技術力を発揮して、現在も続く日本最古の美術雑誌『國華』の発刊に関わった。日本乾板会社を設立し、感光材料の側面から写真撮影の普及に貢献した人物でもある。[11]明治四十三年には帝室技芸員に任命されている。

大正時代から昭和時代に推移する中で、プロフェッショナルの手から一般民衆へと写真技術が広く普及し、写真は撮られるだけのものから撮ることができるものへと変容していく。見方を変えれば、明治時代は彼ら営業写真師がもっとも花開いた時代だったといえるだろう。そして、その精華は東京を中心に展開したのである。

江木本店（右）と支店（左）（国立国会図書館蔵）
撮影者：江木松四郎　撮影地：東京　撮影年：明治中期
江木松四郎は明治17年（1884）、米国留学後に神田淡路町で本店（右）、明治24年には新橋丸屋町に六層塔のある支店（左）を開業した。

註

1 西村英之「福井写真史考―松平家と写真―」(『(福井市立郷土歴史博物館) 研究紀要』6 号、(1998 年 3 月)) に詳しく、西村氏によってはじめて日本人最古の写真師が彦馬や蓮杖ではないことが証明された。

2 この名は韮山代官が世襲するもの。万次郎が仕えたのは 38 代目当主江川英武（えがわひでたけ、1853-1933)。

3 この時に撮影された肖像は、古式に則った束帯を纏ったもの。同年末に礼服に洋服を採用したことにともない、翌年、再び九一によって西洋式軍服姿の肖像写真が制作される。

4 金子隆一「内田九一の『西国・九州巡幸写真』の位置」(「第 1 回　国際シンポジウムプレシンポジウム『版画と写真　－ 19 世紀後半　出来事とイメージの創出－』報告書」、2006 年）に詳しい。

5 近年、その事歴を詳らかにする以下の翻刻が出版された。冨坂 賢、岡塚 章子、柏木 智雄（編集）『通天楼日記 : 横山松三郎と明治初期の写真・洋画・印刷』（思文閣出版、2014 年）

6 明治 6 年（1873)。

7 東京中橋和泉町で写真館を経営し、明治 19 年に『写客の心得』（鶴淵初蔵出版）を上梓したことでも知られる。この翻刻及び現代語訳については『夜明けまえ知られざる日本写真開拓史 I 関東編研究報告書』(東京都写真美術館、2006 年）に収録されている。なお、松崎晋二については、森田峰子『中橋和泉町松崎晋二写真場―お雇い写真師、戦争・探偵・博覧会をゆく』（朝日新聞社、2002 年）に詳しい。

8 このアルバムは霞会館蔵。なお、このときに制作された撮影原板の一部（29 枚）は江戸東京博物館蔵で重要文化財に指定されている。なお、東京国立博物館蔵の油彩画家・高橋由一による着彩が施された『旧江戸城写真帖』も現存しており、こちらも重要文化財に指定されているが、64 点で構成されている。

9 いわゆる二代目鈴木眞一のことをさす。

10 この頃に一眞が手に入れた乾板を明治 10 年（1877）から渡米していた下岡蓮杖の長子・太郎次郎へ送った。これが日本に送られ、最終的に江崎礼二の手に渡り早取写真師となる道が開かれるのである。詳細は、森重和雄「幕末明治の写真師列伝 第二十四回 下岡蓮杖 その二十三」および「幕末明治の写真師列伝 第二十四回 下岡蓮杖 その二十四」（JCII 一般財団法人日本カメラ財団　調査研究　http://www.jcii-camera.or.jp/business/pdf/photographer_biographies23.pdf http://www.jcii-camera.or.jp/business/pdf/photographer_biographies24.pdf）に詳しい。

11 小沢 清『写真界の先覚 小川一眞の生涯』（日本図書刊行会、1994 年）に詳しい。

帝国ホテル（国立国会図書館蔵）
撮影者：江木松四郎　撮影地：東京　撮影年：明治中期
明治 23 年（1890）竣工の初代帝国ホテル。大正８年（1919）に焼失した。

鹿鳴館（国立国会図書館蔵）
撮影者：江木松四郎　撮影地：東京　撮影年：明治中期
明治 16 年（1883）、現千代田区内幸町に国賓や外国の外交官を接待するため建てられた社交場。

慶応義塾表門（国立国会図書館蔵）
撮影者：江木松四郎　撮影地：東京　撮影年：明治中期
明治４年（1871）、現三田の肥前島原藩松平家の中屋敷地に慶應義塾が移転し、大名家の門を表門として利用していた。

慶応義塾本館并演説館（国立国会図書館蔵）
撮影者：江木松四郎　撮影地：東京　撮影年：明治中期
慶応義塾本館（手前）と演説館（右奥）。演説館は明治８年（1875）、福澤諭吉により日本最初の演説会堂として建設された。

お茶の水橋并ニコライ堂遠望（国立国会図書館蔵）
撮影者：江木松四郎　撮影地：東京　撮影年：明治中期
神田川に架かるお茶の水橋越し遠方にニコライ堂が微かに見える。現在でも橋下は都心では珍しい渓谷の面影を残している。

雉子橋外（国立国会図書館蔵）
撮影者：江木松四郎　撮影地：東京　撮影年：明治中期
明治６年（1873）に雉子橋櫓門が撤去されたため、この写真には写っていない。

凌雲閣（国立国会図書館蔵）
撮影者：江木松四郎　撮影地：東京　撮影年：明治 20 年（1887）代頃
明治 23 年（1890）開業の凌雲閣。12 階建ての塔で、当時としては珍しい高層階の建物であったため浅草のシンボルとして親しまれた。

八百勘ノ飴賣
（国立国会図書館蔵）
撮影者：江木松四郎
撮影地：東京
撮影年：明治 20 年（1887）代頃
奇抜な扮装をして三味線を弾き、歌をうたって飴を売る商売人。子どもたちに大人気だった。

上野三枚橋遠望（国立国会図書館蔵）
撮影者：江木松四郎　撮影地：東京　撮影年：明治 20 年（1887）代頃
明治期の上野広小路を遠望した風景。

日本銀行新築（国立国会図書館蔵）
撮影者：江木松四郎　撮影地：東京　撮影年：明治 20 年（1887）代頃
当時は荷物の運搬に小舟が多く利用されていた。小舟の浮かぶ岸遠方に新築中の日本銀行が見える。

佃島遠望（国立国会図書館蔵）
撮影者：江木松四郎　撮影地：東京　撮影年：明治 20 年（1887）代頃
隅田川の対岸の佃島を写す。明治９年（1876）に石川島造船所が佃島で創業を始めた。

芝浦海岸（国立国会図書館蔵）
撮影者：江木松四郎　撮影地：東京　撮影年：明治 20 年（1887）代頃
潮干狩りの情景。女性は着物姿。蛤や馬刀貝などが採れた。

神田千代田町材木問屋（国立国会図書館蔵）
撮影者：江木松四郎　撮影地：東京　撮影年：明治 20 年（1887）代頃
現千代田区岩本町の明治時代の材木問屋風景。

川勝広道（東京大学史料編纂所蔵）
撮影者：清水東谷　撮影年：明治期
明治維新後は大阪兵学寮の校長を務めた。

三条公（東京大学史料編纂所蔵）
撮影者：内田九一　撮影年：明治前期
三条実美。尊攘派公卿の中心的人物であった。

島津忠義（北海道大学附属図書館北方資料室蔵）
撮影者：内田九一　撮影年：明治初期
薩摩藩最後の藩主。維新後は貴族院議員。

有栖川宮威仁親王（東京大学史料編纂所蔵）
撮影者：鈴木眞一　撮影年：明治後期
皇族。有栖川宮熾仁親王の第一皇子。

京都祇園 中島つゆ（国立国会図書館蔵）
撮影者：小川一眞　撮影年：明治後期

京都祇園 川づつ米鶴（国立国会図書館蔵）
撮影者：小川一眞　撮影年：明治後期

大坂北新地 平田席力栄（国立国会図書館蔵）
撮影者：小川一眞　撮影年：明治後期

京都祇園　内藤小秀（国立国会図書館蔵）
撮影者：小川一眞　撮影年：明治後期

有栖川威仁親王（丸木家蔵）
撮影者：丸木利陽　撮影地：東京　撮影年：不詳
新政府の総裁、戊辰戦争では東征大総督として活躍。明治 34 年（1904）海軍大将となる。

有栖川宮慰子妃（丸木家蔵）
撮影者：丸木利陽　撮影地：東京　撮影年：不詳
元金沢藩主前田慶寧の４女。海軍大将有栖川威仁親王婦人。

金閣寺（国立国会図書館蔵）
撮影者：小川一眞　撮影地：京都府　撮影年：明治後期
昭和 25 年（1950）、放火により焼失。昭和 30 年に再建された。写真は焼失以前のものとして貴重である。

法隆寺（国立国会図書館蔵）
撮影者：江木松四郎　撮影地：奈良県　撮影年：明治中期
左より西院伽藍の金堂、奥に中門、右は五重塔。現存する世界最古の木造建築物群である。

姫路城（国立国会図書館蔵）
撮影者：小川一眞　撮影地：兵庫県　撮影年：明治後期
五重六階地下一階の大天守と三基の東・乾・西の小天守群で構成されている。

茶摘（国立国会図書館蔵）
撮影者：小川一眞　撮影地：静岡県　撮影年：明治後期
初夏に見られる茶摘みの様子を撮影したものである。

魚河岸（国立国会図書館蔵）

撮影者：小川一眞　撮影地：東京　撮影年：明治後期

日本橋と荒布橋の間にある魚市場の風景。東京近海からの魚介類が集められ賑わっていた。

神田青物市場（国立国会図書館蔵）

撮影者：小川一眞　撮影地：東京　撮影年：明治後期

天保年間（1830～44）に幕府の青物役所が置かれた後、明治になっても東京の青果市の中心だった。

綿操（行田市郷土博物館蔵）
撮影者：小川一眞　撮影地：不詳　撮影年：明治中期
日本の風俗を紹介した写真集『COSTUMES & CUSTUMS IN JAPAN』に掲載された写真。編纂兼印刷発行者は小川一眞。英語版。

日光杉並木（日本大学芸術学部蔵）
撮影者：小川一眞　撮影地：日光　撮影年：明治中期
日光を紹介した写真集『The Nikko District』に掲載された写真。印刷出版は小川一眞。英語版。

東京四日市河岸（国立国会図書館蔵）
撮影者：小川一眞　撮影地：東京　撮影年：明治後期
四日市河岸は日本橋川沿い河口近くにあった。『東京風景』所収。

赤門（国立国会図書館蔵）
撮影者：小川一眞　撮影地：東京　撮影年：明治後期
明治44年（１９１１）に発行された東京の風景を紹介した写真集『東京風景』に掲載された写真。印刷発行者は小川一眞。現在の東京大学赤門。

舟遊び（国立国会図書館蔵）
撮影者：小川一眞　撮影地：東京　撮影年：明治後期
当時、今戸橋・木母寺・長命寺などを巡る隅田川の舟遊びは粋な遊びといわれた。『東京風景』所収。

東京帝国大学 東京天文台

（国立国会図書館蔵）
撮影者：小川一眞
撮影地：東京
撮影年：明治 37 年（1904）
明治 11 年（1878）に東京帝国大学の理学部に設置された観象台が、明治 21 年に東京帝国大学附属東京天文台となった。写真は明治 37 年の天体観測風景である。のち昭和 63 年（1988）に大学共同利用機関国立天文台となっている。

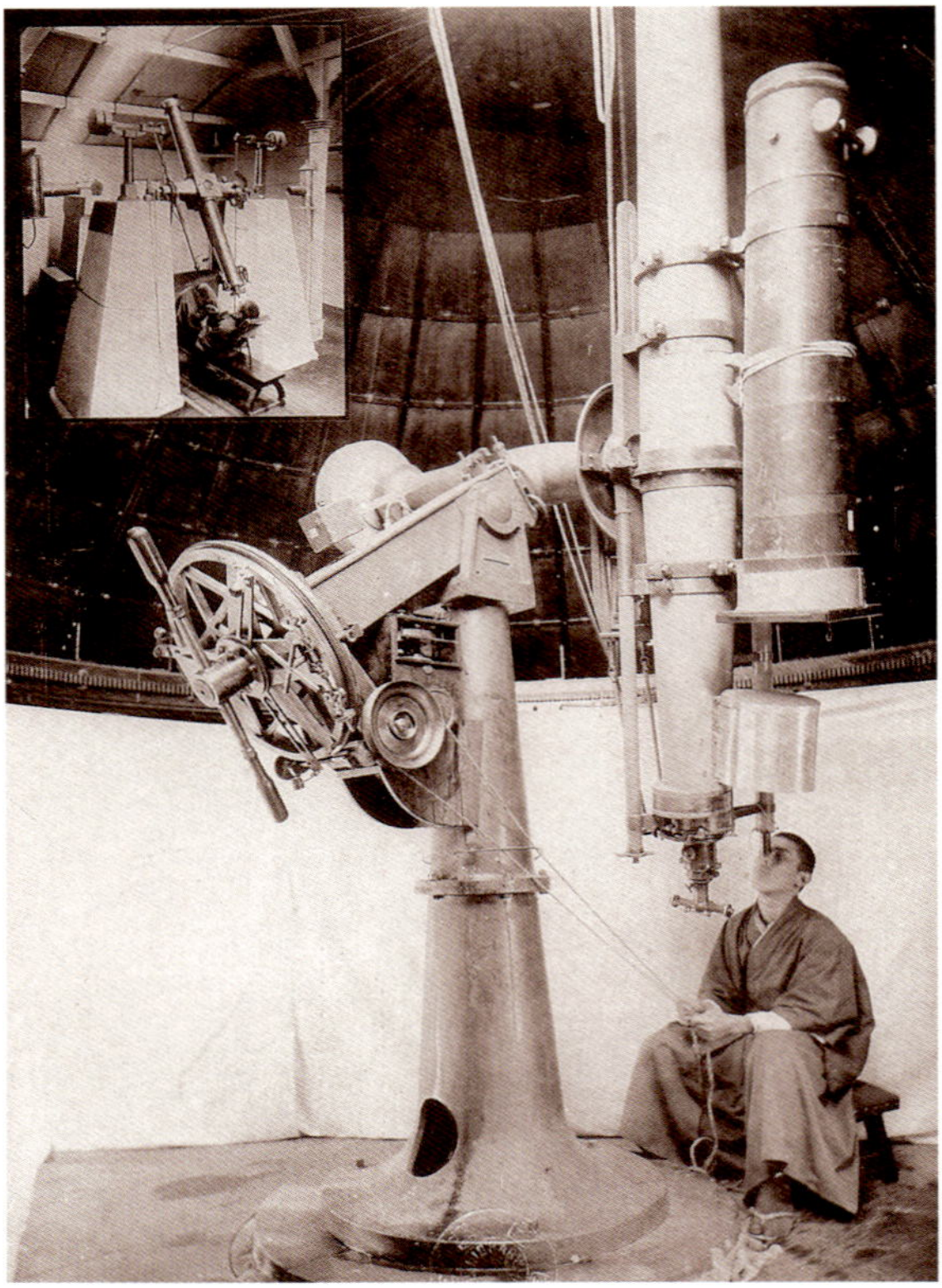

東京帝国大学解剖学教室

（国立国会図書館蔵）
撮影者：小川一眞
撮影地：東京
撮影年：明治 33 年（1900）
明治期の解剖学はドイツ流が採用され、死刑体や獄中の病死体で人体解剖が行われていた。

弟松蔵

（市立函館博物館蔵）

撮影者：横山松三郎

撮影地：不詳

撮影年：明治初期（1860 〜 70 年代）

新橋お鈴（行田市郷土博物館蔵）
撮影者：小川一眞　撮影地：東京　撮影年：明治中期
「東京百美人」と銘打った写真帖『TYPES OF JAPAN CELEBRATED GEISHA OF TOKYO』に掲載された写真。東京みやげのひとつとなった。

新橋恵比寿家 栄龍
（個人蔵）
撮影者：小川一眞
撮影地：東京
撮影年：明治後期
明治 35 年（1902）に刊行された写真帖「東京百美人」に掲載された写真。東京みやげのひとつとなった。

新橋恵梅三升 梅香
（個人蔵）
撮影者：小川一眞
撮影地：東京
撮影年：明治後期
写真帖「東京百美人」所収。

新橋伊東屋 寿々女
（個人蔵）
撮影者：小川一眞
撮影地：東京
撮影年：明治後期
写真帖「東京百美人」所収。

明治の写真心得事情
——松崎晋二著『写真必用 写客の心得』

田中里実（日本大学芸術学部写真学科専任講師）

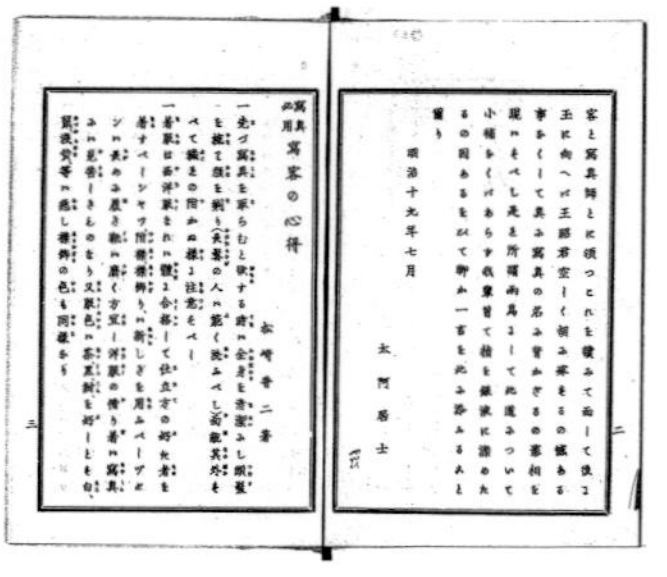
寫眞必用 寫客の心得
松崎晋二著
明治十九年七月

『写真必用 写客の心得』本文（右）と表紙（左）（国立国会図書館蔵）

◆はじめに

現代では写真に関する本は数多《あまた》発刊され、写真集、写真技術書、解説書、雑誌など種類や分野も様々である。幕末から明治初頭の日本における写真創成期にもほんの僅かではあるが撮影技術書・解説書が刊行された。しかし写真を撮られる側、つまり被写体となる人に対して、上手く撮られる方法を解説した本となると現代においても希有な存在といえるであろう。

明治十九年（一八八六年）、写真館を訪れた客に対し、上手く撮られる方法、写真館での作法等を記した解説本が発刊された。『写真必用 写客の心得』がその書である。著者は松崎晋《まつざきしん》二《じ》という明治初頭から活躍した写真師である。松崎は生没年不明であるが、記録として登場するのは、明治元年に撮影された「松崎晋二 中橋和泉町」と台紙に記された写真の存在が確認されている。中橋和泉町とは現在の東京都中央区日本橋と京橋の中間辺りになる。

一八六〇年代初頭、幕末に登場した日本人写真師は新しい時代の幕開けと深く結びつきながら全国へと広がり各地で写真館を開業した。そのなかのひとりであった松崎は東京（江戸）という地を選び開業した。また松崎は日本人報道写真家の草分けともいえる仕事に従事する。東京日々新聞の明治七年（一八七四）七月七日の紙面に掲載された写真は、その年の四月、陸軍省の命により我が国最初の従軍写真師として台湾出兵に従軍した際に撮影したもので、台湾石門全景（彼我交戦の場所）、牡丹社入り口、原住民の男女の写真などが掲載された。

翌年の明治八年（一八七五）小笠原を撮影。明治九年には内田《うちだ》九一《くいち》の門人長谷川《はせがわ》吉次郎《きちじろう》とともに明治天皇奥羽御巡幸に付き従い福島管内の

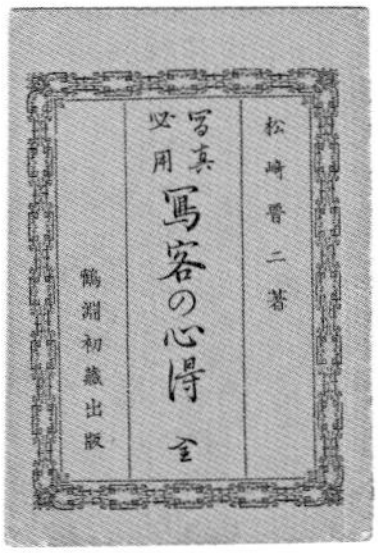

父島ノ内旭山並奥村ヨリ眺望ノ景
（国立公文書館蔵）
撮影者：松崎晋二
撮影地：小笠原諸島父島
撮影年：明治9年（1876）

父島ノ内大村セームスチュクラーブ居宅
（国立公文書館蔵）
撮影者：松崎晋二
撮影地：小笠原諸島父島
撮影年：明治9年（1876）

沿道撮影を担当し写真を献上した。そして興味深いのが同年に写真著作権を主張して、その結果「写真条例」が発布されている。自分が苦労して撮影した写真を他人が勝手に使うことに我慢できなかったようである。明治十年に写真館を本郷に移転し、明治十九年、この『写真必用　写客の心得』の出版に携わった。

◆『写真必用　写客の心得』

さて、その『写真必用　写客の心得』の内容に触れてみたいと思う。まず前書きまたは序文にあたる「緒言《しょげん》」（はしがき）を太阿居士という人が署している。この人は饗庭《あえば》篁村《こうそん》（一八五五～一九二二）である。江戸下谷の生まれで、新聞記者、小説家、劇作家であり、根岸派の重鎮として明治を生きた文人でエドガー・アラン・ポーの作品を翻訳した人物としても知られる。本名は饗庭与三郎、太阿居士とは饗庭篁村の号である。その「緒言」の最後に文筆家として名を馳せた饗庭篁村が写真の経験があるように書かれている。これは新聞記者時代に経験したのか定かではないが、興味深い一文といえよう。

父島ノ内大村海浜ヨリ湾口並須崎村眺望ノ景
（国立公文書館蔵）
撮影者：松崎晋二
撮影地：小笠原諸島父島
撮影年：明治9年（1876）

　本文内容といえば、現代語訳をすべて掲載したいぐらい興味深い内容である。まず、撮られる側は「身嗜みから」と書き出している。長いひげの人はひげもしっかりと洗ってくるようにというところまで細かく、そして洋服の人、和服の人、借り衣装の人、服の色合い、服の模様にも言及している。さらに女性は化粧の施し方、髪の毛の梳かし方など、とにかく細かいところまで注意してある。これは当時の写真技法の感色性（青色感色性：レギュラー）を考慮のうえで客に写り方を説明しているのである。

　その後はスタジオに入ったときの作法に移る。カメラの前に立つ寸前の自身で行う確認事項、そして機材関係に触れないように注意事項が書かれ、当時の写真技法は感光度が低く露光時間が長かったので身体の固定方法、そして表情の作り方、視線、子供を撮影するときの注意点、そして男女で撮影するときの注意点、さらに撮影寸前に笑いが止まらない場合の止め方など、スタジオ内での注意点も非常にユニークである。その後、撮影代金のことになるのだが、値切ると写真師はやる気が失せてしまうということも書かれている。

　最後に屋外での集合写真の注意点を書き、本文全体的にいえることだが本書は「写真師の注意を良く聞かないと良い写真には仕上がらない。」という内容なので「いろいろ書いたが、著者（松崎）は皆に良かれと思って書いているので失礼な文章であっても許して欲しい。」と結んでいる。

　「あとがき」には鶴淵初蔵《つるふちはつぞう》（一八四七〜一九〇九）がこの本の出版に至った経緯、そして鶴淵が発刊したことなどが書かれ終わっている。鶴淵初蔵とは松崎と同業の写真師であり、やはり明治初頭浅草並木通りに写真館を開業している。記録では白亜の「三層楼　鶴淵写真館」とかなり当時は有名な写真師であった。幻灯制作の祖としての顔を持ち、「緒言」を著した饗庭篁村と親交があったことから、この書の「緒言」を饗庭篁村が書くことになったと考えられる。また鶴淵は写真商の浅沼《あさぬま》藤吉《とうきち》（浅沼商会創業者　一八五二〜一九二九）とは縁故関係であった。

　『写真必用　写客の心得』を細かく読み解

くと明治初期から中期にかけての日本の写真事情がよく見えてくる。幕末から明治初頭まで主流であった写真技法「湿板写真」(wet collodion process) から「乾板写真」(gelatin dry plate) への移行期であり、本書にも新しい写真技法「乾板写真」を「流行《はやり》の速写《はやどり》写真」と記載している。そしてこの本が出版された最も大きな理由である写真の知識がない客に、写真師たちはほとほと困っていた様子が手に取るように理解できる。日本の写真史における貴重資料であることはいうまでもなく、何かの機会があれば是非お読みいただきたい書である。

父島ノ内清瀬海亀囲置場ノ景
(国立公文書館蔵)
撮影者：松崎晋二
撮影地：小笠原諸島父島
撮影年：明治9年（1876）

父島ノ内大村居住葡萄牙人ジョンブラボー居宅
(国立公文書館蔵)
撮影者：松崎晋二　撮影地：小笠原諸島父島
撮影年：明治9年（1876）

【参考引用文献】
松崎晋二『写真必用　写客の心得』鶴淵初蔵出版　1886年／原田種蔵『写真にうつる心得』浅沼商會出版部　1910年／『世界大百科辞典』平凡社　1987年／『別冊歴史読本51号　古写真に見る幕末・明治』新人物往来社　1987年／亀井武『日本写真史の落穂拾い』(社)日本写真協会　1991年／井桜直美　トーリン・ボイド『セピア色の肖像』朝日ソノラマ　2000年／森田峰子『中橋和泉町　松崎晋二写真場』朝日新聞社　2002年／日外アソシエーツ編『号・別名辞典／近代・現代』紀伊國屋書店　2003年／小沢健志『幕末・明治の写真』ちくま学芸文庫　2004年／横浜開港資料館編『F・ベアト写真集2　外国人カメラマンが撮った幕末日本』／明石書店　2006年／東京都写真美術館『夜明けまえ　知られざる日本写真開拓史Ⅰ　関東編　研究報告書』2007年

小川一眞による文化財調査写真と美術出版物

岡塚章子（江戸東京博物館学芸員）

玉潤館の写真台紙（小川益子氏蔵・行田市郷土博物館提供）
米国から帰国した小川一眞が開業した写真館「玉潤館」の写真台紙。

●明治の文化財の実態調査

明治維新による急激な社会変化は、それまでの価値観を変容させ、日本古来の伝統文化を顧みることを否定する風潮を作りだした。加えて神仏分離令（慶応四年〈一八六八〉）に端を発した廃仏毀釈《はいぶつきしゃく》（仏教排斥運動）により、当時の仏教寺院は経済的困窮による荒廃や、貴重な文化財の破壊や破棄など大きな痛手を被った。そこで明治政府は、明治四年（一八七一）に「古器旧物保存方」の太政官布告を発するとともに、危機に瀕していた文化財の実態調査を行う。

写真を用いた最初の文化財調査は、明治五年の古社寺調査（壬申《じんしん》検査）のときの横山松三郎《よこやままつさぶろう》によるものである。そして次が明治二十一年の五月から翌年の二月にかけて宮内省、内務省、文部省の三省の協力によって実施された近畿地方を中心とした宝物調査である。この調査は質、量ともに大規模なものであり、宮内庁から図書頭九鬼隆一《くきりゅういち》、フェノロサ、稲生真履《いのうしんり》、山県《やまがた》篤蔵《とくぞう》、内務省から社寺局長丸岡莞爾《まるおかかんじ》、八木雕《やぎあきら》、伊藤、文部省から専門学務局長兼美術学校長浜尾新、岡倉覚三《おかくらかくぞう》（天心《てんしん》）、今泉雄作《いまいずみゆうさく》、内閣歴史局から川田剛《かわだつよし》が参加した。また調査員として東洋美術のほとんど全分野の専門家と文献的歴史的研究の専門家が加わるなど、数多くの人々が

渡米時代の小川一眞

（小川益子氏蔵・行田市郷土博物館提供）

留学を志した一眞は、明治15年（1882）7月、横浜で米国東洋艦隊の軍艦スワタラ号の艦長の好意により水兵の一員となり、大西洋を廻り12月にアメリカに到着した。

ボストンでの恩師ハスティング

（小川益子氏蔵・行田市郷土博物館提供）

明治16年（1883）、一眞はボストンのハスティング写真館に勤務した。この留学期間に乾板、コロタイプと出会い、その技術を習得して翌年帰国した。

この調査に加わった。そしてこれらのメンバーとともに記録撮影のため、小川《おがわ》一眞《かずまさ》（一八六〇〜一九二九）が随行したのであった。

●一眞の渡米留学と写真印刷

小川一眞は幕末期、武州行田（現、埼玉県行田市）忍城下の成田町にて、藩士原田庄左衛門の次男として出生。幼名は朝之助であったが、文久三年（一八六三）、忍藩士小川石太郎の養子となり、名を一眞と改める。十代後半から写真師として活動を始め、二十代初めの明治十五年七月にアメリカ海軍軍艦スワタラ号に乗り込み、横浜を出発。ボストンで最新の写真、印刷、乾板製造を学び、明治十七年一月に帰国。帰国後は身に着けた技術を使って営業写真館「玉潤館」を開業するとともに、写真製版業、出版業を興し、印刷・出版業界に改革をもたらすとともに、乾板製造も手がけ、写真を軸とした一連の事業を展開する。

小川一眞がなぜ文化財調査の記録撮影者に任命されたかは不明である。明治の半ば頃には全国に写真館が開業し、数多くの写真師が生まれ、小川に匹敵する技能を持つ写真師も存在した。しかし、他の写真師と異なる部分は、小川がアメリカで印刷術を学び、写真とともに印刷も手掛けていたことであろう。それまで対象を「写す」ことが目的であった写真を、小川一眞はツールとして考え、印刷術と結びつけることによってその可能性を広げようとしていた。

●写真帖にみる写真技術の創意と工夫

　明治二十一年に実施された宝物調査時に小川一眞が撮影した写真は、現在、東京国立博物館に所蔵されている。写真の総数は一〇〇九枚で、それらは台紙に貼られ、写真の横には宝物名と所蔵先が書かれた短冊が添えられ、三一冊の写真帖に仕立てられている。三一冊の写真帖のサイズは42.6cm×35.1cm。そのうち二一冊の写真帖の表紙には「一等　絵画　京都府」「一等　彫刻　奈良県」「二等　絵画　京都府」のように、等級（一等から六等）、種別（絵画、彫刻、工芸）、場所（京都府、奈良県、滋賀県、大阪府、神奈川県）が記載されている。残りの一〇冊の写真帖の表紙には、「人民之部」と記載され、個人が所有する宝物の写真が貼られている。これらの写真から、小川一眞が撮影したのは、調査で優等品やそれに次ぐものと認定された宝物の一部だと考えられる。

　文化財調査の記録撮影を行うにあたり、小川一眞は当時、彼が知り得ていた最新の写真技術を駆使するとともに、様々な工夫や試みを行っていたことがわかる。

　第一に、当時の日本ではまだ一般には普及していなかった、乾板の使用による撮影が挙げられる。小川一眞はアメリカで乾板製造を学び、帰国後の明治十七年十月に国産化を目指して製造に着手した。まだ商品化には至っていなかったが、乾板の性能を熟知していた小川一眞は、輸入乾板を使用して撮影を行った。

　乾板は湿板と異なり、あらかじめ感光乳剤がガラスに塗布されており、長期間の貯蔵が可能であった。また、撮影後もその場で現像する必要がないため、まとまった数量を撮影することができた。しかし、感光材料の機能が向上してもカメラやレンズの性能はあまり変わらなかったため、暗い堂内などでの撮影は相変わらず困

［写真1］「釈迦三尊像　法隆寺」（東京都写真美術館提供）
撮影者：小川一眞　撮影地：奈良県　撮影年：明治21年（1888）
法隆寺の金堂に安置されている釈迦三尊像。釈迦像を中尊とし、その左右に脇侍を配する、止利仏師の代表作。

難を伴った。

第二に、当時の最新技術であったマグネシウムを焚いてのフラッシュ撮影がある。マグネシウムを用いての撮影は、一八六〇年代から欧米で行われていたが、当時の日本では新しい撮影方法であった。強烈な光を発するマグネシウムは、ライティングのコントロールが難しいため、基本的に仏像の正面で焚いて撮影している。そのため全体に均一に光があたってしまうため、仏像のような立体物を撮影した場合、どうしても平板な写真になりがちであった。

小川一眞は、堂内や暗い場所にある動かせないものや、銅仏のような重く大きなもの、壁面のように動かし難いものを撮影するときに、マグネシウムによるフラッシュ撮影を行った。法隆寺の釈迦三尊像（写真1）などがこの例である。しかし、マグネシウムは当時まだ希少であり、また発火を伴う撮影は危険なため、使用できないことも多かったようである。よって、軽くて移動が可能なものは、屋外に移動して撮影を行っている（写真2）。

第三の試みとしては、撮影された写真を、当

[写真2]「五大虚空蔵菩薩像　教王護国寺」（東京都写真美術館提供）
撮影者：小川一眞　撮影地：京都府　撮影年：明治 21 年（1888）
東寺（教王護国寺）の本堂に安置されている五大虚空蔵菩薩像。獅子、象、馬、孔雀、迦楼羅という鳥獣の上の蓮台に座っている。

時の日本では珍しかったプラチナ・プリントに焼き付けたことである。通常の白黒写真の銀塩とは異なり、プラチナによって画像が形成されるプラチナ・プリントは、耐久性に優れ、長期にわたって良質な画像を保つことができるという利点がある。よって、後世に残さなければならない文化財のプリントにふさわしい技法が用いられたといえるだろう。

このように、小川は自身のもつ最新技術を駆使し、与えられた状況に応じて写真を撮影しており、自然光を使えるところでは自然光を、それが無理な場合はマグネシウムを使用して撮影した。こうしてできあがった写真には一貫性がなく、様々な撮影様式が混在している。それは一枚一枚の写真撮影に十分な時間をとることができず、限られた時間内で撮影を行わなければならなかったからであるが、当時は撮影様式を揃えて資料の差違を比較しやすくするというような、資料写真撮影の基本概念が、まだ確立されていなかったことも示している。小川一眞の写真の水準は非常に高く、そこには確かな技術が感じられる。加えて仏像の特徴を捉え、ありのままを写しとろうとする率直な視点や構図は、仏像の魅力と存在感を十二分に伝えている（写真3、写真4、写真5）。

[写真3]「梵天立像　東大寺」（東京都写真美術館提供）
撮影者：小川一眞　撮影地：奈良県　撮影年：明治 21 年（1888）
東大寺の法華堂（三月堂）にある梵天立像。

【写真4】「破損仏　唐招提寺」（東京都写真美術館提供）
撮影者：小川一眞　撮影地：奈良県　撮影年：明治21年（1888）
元来は如来形の像であるが、頭部、両手先を失い、トルソーとしての造形が生まれている。

[写真５]「無著菩薩像　興福寺」（国立国会図書館提供）
撮影者：小川一眞　撮影地：奈良県　撮影年：明治 21 年（1888）
興福寺北円堂に世親菩薩像とともに安置。運慶率いる仏師たちによる名品。

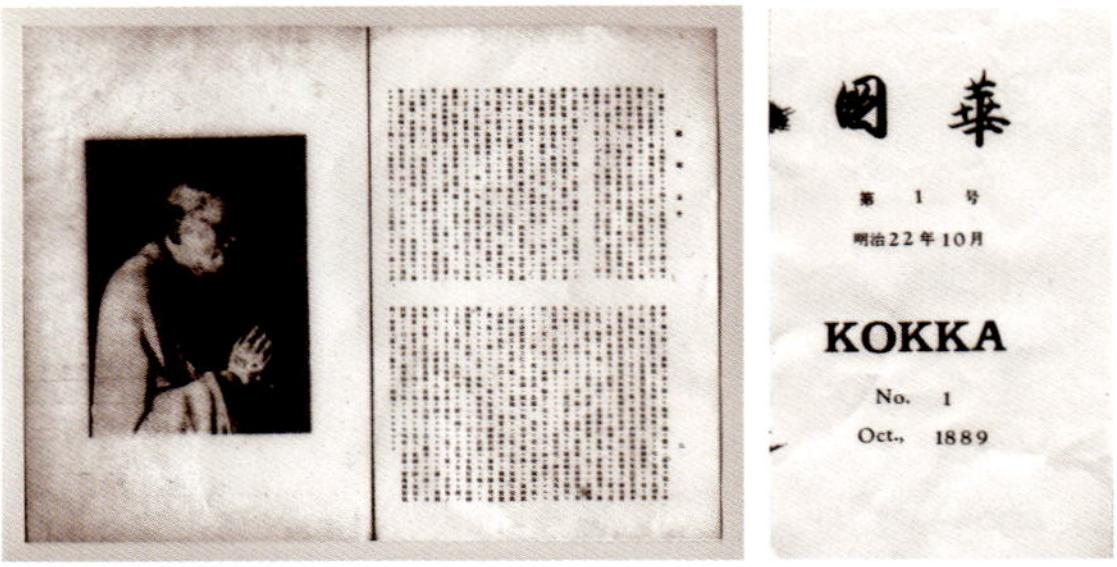

[写真６]『国華』創刊号の扉と本文部分
（国立国会図書館蔵）
明治22年（1889）10月刊行、発行兼編集人：村山旬吾、発行所：国華社。

●美術雑誌『国華』と技術者小川一眞

小川一眞は、近畿宝物調査で撮影した写真を、自身が関わった多くの出版物に転用している。明治二十二年十月に、岡倉天心、高橋健三《たかはしけんぞう》らによって美術雑誌『国華《こっか》』（写真６）が創刊されるが、その第1号には早くも近畿宝物調査時に撮影した「無著像」がコロタイプ印刷で掲載されている（写真7）。

コロタイプ（collotype）とは平版印刷のひとつで、一八五四年、フランスのアルフォンス・L・ポワトヴァンがその原理を発見し、一八六七年、ドイツのヨーゼフ・アルベルトが実用化、ミュンヘンで初めてコロタイプ印刷工場を開設した。日本では明治十六年一月、大蔵省印刷局写真科長三枝守富によって亜膠版（＝コロタイプ）の作品が発表されたのが始まりである。コロタイプは網目スクリーンを使っての印刷方式ではなく、ゼラチン表面にできた細かいしわで階調を表現するため、中間の階調表現に適している。また感光液を塗ったガラス板にネガを焼き付けて版をつくるため、写真を印刷する場合は撮影ネガをそのまま焼き付ければ版ができる。よって紙焼きを作成する必要もなく、ネガから直接製版するため、きわめて写真に近い精緻な画像を得ることができる。しかし、コロタイプの版はデリケートなため、一つの版では五〇〇部くらいしか刷ることができず、大量印刷には適さないという欠点がある。きわめて再現性に優れた印刷物であるコロタイプ印刷は、画質と生産量の両面から見て、最も写真に近い印刷術といえるだろう。

そのコロタイプで図版を印刷した『国華』は、それまで刊行された美術書に比べると格段に優れたものであった。九鬼隆一、岡倉覚三（天心）、フェノロサ、今泉雄作、黒川眞頼《くろかわまより》ら一流の執筆陣に加え、当時の小川の最高の技術を駆使して制作された複製図版は他の追随を許さなかった。『国華』創刊号の冒頭の「国華」は発刊の意義を説いたもので有名であるが、その中に下記のような一文があることからも岡倉天心が文章とともに図版についてもかなり重視していたことが推察できる。

「眼ヲ転シテ美術的学業ノ景象ヲ観察セヨ東

[写真７]「無著菩薩像　興福寺」（東京都写真美術館提供）
撮影者：小川一眞　撮影地：奈良県　撮影年：明治 21 年（1888）
『国華』創刊号掲載。

洋美術史ハ猶ホ未タ精確ナラス誰カ能ク史筆ヲ執テ本邦ノ上古韓漢及中亜細亜諸邦ト交通来往シテ得タル所ノ美術的性質ノ包合ヲ分析シ其来歴沿革ヲ詳叙スルモノソ誰カ能ク眼ヲ刮シテ呉道子、李龍眠、夏珪、馬遠等伝来ノ墨宝ハ之ヲ支那歴代ノ重宝ニ参照シテ果シテ唐宋名賢ノ妙蹟ナリヤ否ヤヲ審判スルモノソ而シテ誰カ能ク精緻縝密ノ出版ヲ以テ本邦美術ノ粋ヲ抜キ精ヲ萃メテ衆庶ノ鑑賞ニ供シ外邦ノ展覧会ニ資スルモノソ」

『国華』創刊にあたっては、岡倉天心は小川一眞と高橋健三の下僚であり高橋の印刷局関係の仕事を助けた川田徳二郎に複製図版について相談をしている。『国華』の図版は写真版（コロタイプ印刷）と木版色摺で印刷されているが、精度の高い複製図版を作るため、木版色摺はそれまでとは異なる方法で制作されている。それはまず原画を写真撮影し、撮影ネガを用いてコロタイプ印刷で下絵を作成する。これを版木に貼り付けて、色摺りのための図柄を彫り起こし、刷っているのである。

岡倉天心は小川一眞を写真師としてだけではなく、当時の最先端の技術を身につけた技術者としても高く評価していたと考えられる。小川は明治二十二年十月の創刊号から明治四十年十二月の第二一一号までの約十八年間、『国華』のコロタイプ印刷図版を手がけた。

小川一眞が文化財調査で撮影した写真は『国華』の他にも使用されている。明治三十二年に出版された、仏像、仏画を掲載した美術全集『真美大観』（全二〇冊、明治四十一年〈一九〇八〉刊行終了）、明治三十三年のパリ万博に出品された、仏文による日本美術史本『Histoire de l'Art du Japon』である。

当初は調査のために撮影された小川一眞の写真は、その後、美術雑誌、美術全集、美術史本に掲載され、出版という形で広まった。そして小川による精度の高いコロタイプ印刷は、それ自体が鑑賞の対象となり、図版＝写真によって作品を鑑賞するという行為を生み出すと同時に、誰もがそれと認識できる、共通のヴィジュアル・イメージを創出したのである。現在私たちがもち得ている、日本の古美術の規範的な見方の淵源は、小川の写真にあるといえるだろう。

東京美術学校の岡倉天心（茨城県天心記念五浦美術館蔵）
文久2年（1862）生まれ。本名覚三。思想家・美術評論家。フェノロサと日本美術を調査。その後、美術取調委員として欧米に渡航。帰国後は東京美術学校の開設に尽力、多くの若手画家を育てた。大正2年（1913）没。

明治の裸婦は惑わせる

石黒敬章（古写真収集家）

●ヌード写真の開祖は誰か

日本で最初にヌード写真を撮ったのは、日本写真の開祖として有名な長崎の上野彦馬《うえのひこま》か横浜の下岡蓮杖《しもおかれんじょう》ではなかったかと私はかねがね思っていた。

彦馬は長崎の丸山によく通っていたそうで、芸者などを脱がせてヌードを撮っていた可能性は十分ある。

美術史家の永見徳太郎《ながみとくたろう》は『グロテスク』（昭和四年〈一九二九〉七月号）で、上野彦馬が撮影したX《エックス》写真を二、三枚見たことがあるといっている。[1] X写真というのはエロ写真のことである。「今までに見たX写真として、これが日本最初のものとして大切な資料ではあるまいか」と述べている。永見は古写真を蒐集し、昭和七年に『珍しい写真』という写真集を編纂。[2] その序文で、写真師内田九一《うちだくいち》は遠縁にあたり、上野彦馬からは幼年の頃撮影をしてもらったと書いている。集めた写真は約一万枚にものぼると述べている。それほどの写真通がいっているのだから、彦馬はヌードを撮っていたに違いない。

X写真はまだ世に現れていないが、彦馬が慶応二年（一八六六）に、三人の芸妓から酒の接待を受けているところを写した「三人の芸妓と彦馬」【写真1】は、上野一郎氏が所蔵されて

【写真1】三人の芸妓と彦馬（左写真）
（上野一郎氏蔵）
撮影者：上野彦馬
撮影地：長崎
撮影年：慶応2年（1866）
セミヌードの女性と上野彦馬が並んで写っている。みなリラックスして笑みを浮かべている。彦馬がこのように微笑んでいる写真は他にない。彦馬が写っているので厳密にいえば弟子が撮ったのだろうが、まあ彦馬撮影としてもよいだろう。

【写真２】行水（東京都写真美術館蔵）
撮影者：下岡蓮杖　撮影地：横浜か下田
撮影年：幕末か明治初頭
小さな盥で行水をしている。顔も体形も似ているので母と娘であろう。当時の人としては脚が長い。

いる。彦馬が本格的なヌードを撮ったことをうかがわせる写真である。

化学者で堅物そうな彦馬でもセミヌード女性を撮っているのなら、新しいこと、面白そうなことなら何でもやってやろう精神の持ち主である下岡蓮杖なら、必ずヌードを撮っているに違いない。

蓮杖撮影のヌードが見つかったのは平成十年（一九九八）のことだった。日本橋丸善がヨーロッパから購入した蓮杖撮影の一四八枚の名刺

【写真3】閨で碁を打つ男女
（東京都写真美術館蔵）
撮影者：下岡蓮杖
撮影地：横浜か下田
撮影年：幕末か明治初頭
蚊帳を吊っての秘め事という粋な写真。前に置かれた三味線がそれまで2人が過ごしてきた時間を感じさせる。演出写真ではあるが、蓮杖の風俗写真の傑作といえるだろう。

判写真のなかに、「行水」【写真2】と「閨《ねや》で碁を打つ男女」【写真3】の二枚が含まれていたのである。翌年私が編集した『下岡蓮杖写真集』[3]に載せた写真である。現在、それらの写真は東京都写真美術館に所蔵され[4]ている。幕末撮影と思われるヌード写真は、私の知る限りこの三枚しか見つかっていない。

●横山松三郎の写真

【写真4】は、蓮杖の一番弟子である横山松《よこやままつ》三郎《さぶろう》の写真で、一五年ほど前に滝錬太郎氏が入手したものである。私は「湖畔の情事」と名付けた。明治時代にはポルノ写真はご法度で、台紙に写真館の名前は書かれていない。写真師を特定できる写真はまずないのである。ところが東京都写真美術館発行の図録『幕末・明治の東京—横山松三郎を中心に—』に、横山が通天楼で写したまったく同じ絨毯が敷かれている写真を見つけ、横山の撮影と判明したのである。松三郎は明治初頭から明治九年（一八七六）まで、不忍池の畔（上野池之端）に「通天楼」と称した写真館を開いていた。当時は写真館も少なく、

【写真４】**湖畔の情事**

（滝錬太郎氏蔵）

撮影者：横山松三郎
撮影地：上野池之端
撮影年：明治初頭

それとなく枕元に置いてある火鉢・キセル・枕や左に掛けられた着物や帯が雰囲気を出している。師匠である蓮杖の「闇で碁を打つ男女」【写真３】と共通するものがある。背景画は通天楼の物干し台の欄干から不忍池を見たものか。

絨毯が同じならまず同じ写真館であると同定できるのである。

それとなく枕元に置いてある火鉢・キセル・枕や、左に掛けられている着物や帯がよい雰囲気を作り出している。この撮り方は師匠である蓮杖の作品「闇で碁を打つ男女」と共通するものを感じたのだった。

上野彦馬、下岡蓮杖、横山松三郎といった日本写真草創期の有名写真師も、ヌード・ポルノ風写真を写していたことは、どうやら確かなようである。そしてヌード写真でも、やはり上野彦馬と下岡蓮杖が先駆者であったのである。

●ヌード写真の収集

私がヌード写真を集め始めたのは平成四年頃のことだった。当時写真集などに明治期のヌードはほとんど掲載されておらず、芸術としてのヌード写真は大正時代（一九一二〜一九二六）からということになっていた。では日本初期のヌードはどういうものだったのだろうという興味から、ヌード写真の収集を試みたのである。

集めた写真を並べてみると、表だって売られたヌード写真と裏街道を行くポルノ系ヌード写真の二つの流れがあったことがわかった。表は横浜写真に代表されるヌード写真で、おもに外国人目当てのものである。日本の風俗習慣を紹介する目的で撮影された、色っぽいセミヌード写真である。裏は日本人好事家のためのポルノ系ヌード写真である。

●表舞台のヌード

表舞台の日本風俗として写したヌード写真は、文久二年（一八六二）に写真館を開いた下岡蓮杖や、その弟子の横山松三郎、文久三年に来日したベアトや、明治四年、横浜に写真館を開いたスティルフリートから始まったようである。それが鈴木眞一《すずきしんいち》【写真5】、臼井秀三郎《うすいひでさぶろう》、日下部金兵衛《かさかべきんべえ》やその他の日本人写真師に受け継がれていく。

横浜写真に見られるヌードは、家庭風呂での入浴【写真6】、行水、洗顔、化粧、夏の昼寝といった生活の中に実際ある行為に則ったセミヌード写真である。横浜に来航した外国人の土産目的の写真のため、外国人にとってエキゾチックに見えるよう背景や小道具は純日本風の設えで撮られている。写真の大きさも四つ切大やはがき大が殆どで、手彩色されているものが多い。

横浜写真のヘアヌードは、これまでのところ【写真7】一枚しか発見できなかった。横浜写真のヘアヌードはかなり珍しいと思われる。

●裏街道のヌード

表があれば裏がある。裏街道を行ったポルノ系ヌードは、日本人の好事家のために販売されたヌードである。こっそりと取引するため、大きさも名刺大や大きくてもはがき大である。安価にするために手彩色はされていない。

当時の日本人は舶来崇拝があったので、西洋の台、机、椅子、絨毯などが使われていることも特徴である。しかしすべてを西洋風にすることもままならず、和洋折衷の写真もあって面白い。そして裏写真は台紙に貼られていない印画紙だけのものが多い。

明治五年に「違式詿違《いしきかいい》条例」という軽犯罪法が施行され、ヌード・ポルノ写真などはご法度になったためか、台紙に貼られていても、台紙

【写真７】横浜写真のヘアヌード
（石黒敬章提供）
撮影者：鈴木眞一？　撮影地：横浜
撮影年：明治１０年（1877）頃？
横浜写真はセミヌード写真ばかりだが、これは唯一見つけた横浜写真のヘアヌード。右の鈴木眞一撮影の【写真５】と同寸の台紙であり、色味も似ている。花や観葉植物を画面に取り入れたところなど鈴木眞一撮影の可能性がある。

【写真５】手水化粧する芸者
（石黒敬章提供）
撮影者：鈴木眞一　撮影地：横浜
撮影年：明治１０年（1877）頃？
つぶし島田という芸者が結った髪形らしい。手水盥（たらい）に湯を入れて洗う習慣があった。アリス・ゴーデンカー氏がアメリカ・メトロポリタン美術館所蔵の鈴木眞一写真アルバムの中に、ほぼ同じ写真を見つけたので、鈴木眞一撮影と思われる。

【写真６】入浴（石黒敬章提供）
撮影者：不詳　撮影地：横浜　撮影年：明治中期
据風呂桶に湯を沸かして入る家庭用の風呂である。横浜写真の入浴シーンでは古い部類になる。手彩色されていないことも写真を古く見せている。この写真と比べると日下部金兵衛は若くて美人のモデルを使っている。

【写真８】長襦袢の前をはだけた女

（石黒敬章提供）

撮影者・撮影地：不詳　撮影年：明治初年
幕末・明治初年に収集のアルバムにある名刺判写真。同種の外国製ランタンが内田九一撮影の写真にもあることなどから明治初頭の撮影であろう。最初のポルノ写真はこうしたポーズから始まったことをうかがわせる写真である。

【写真９】解いた紐をくわえる女

（石黒敬章提供）

撮影者：不詳　撮影地：横浜か東京　撮影年：明治25～29年（1892～96）頃
着物の紐を解く単純なポーズで立っている。編上げの椅子のある立派な写真館で撮っている。この写真館では多くのヌード・ポルノ写真が撮られている。

には写真館を示す印刷は施されていないのである。よって撮影した写真館は不明である。男性の好奇心を満たす目的で撮られたので、【写真8】や【写真9】といった正面を向いた立ち姿で、前を開いた単純なポーズの写真から始まったような気がするが、徐々にポーズが考えられていく。

肘枕で横寝するポーズ【写真10】は定番になったようで各写真師が写している。写真機は三脚に固定されていたのでローアングルは難しく、【写真11】のように、モデルのほうを台に乗せレンズの高さまで持ち上げて撮るなどの苦心も見られる。

また男性の好奇心を満足させる大股開きの写真【写真12】【写真13】もかなりの数が見つけられた。

●日下部金兵衛のアイコラ写真

明治期には数は多くはないのだが、表の写真にも裏の写真にも顔をすげ替えたヌード写真が存在していた。やはり美人のヌード写真が売りやすかったのだろう。

※P 159の写真は、すべて撮影者：不詳　撮影地：横浜か東京
撮影年：明治25～30年（1892～97）頃である。

【写真10】
肘枕で横寝する女
（石黒敬章提供）
清楚な庇髪の女性が肘枕で横寝している。このポーズは本を読んでいたり団扇を持っていたりすることが多いが、このモデルは何も持っていない。プロポーションがよいので、体の線を隠さなかったのかもしれない。

【写真11】
肘枕で本を読む女
（石黒敬章提供）
写真機が三脚に固定されているので、モデルを台の上に乗せカメラ目線で撮影している。当時の写真師は裸、暑い、団扇という発想があったのかもしれない。

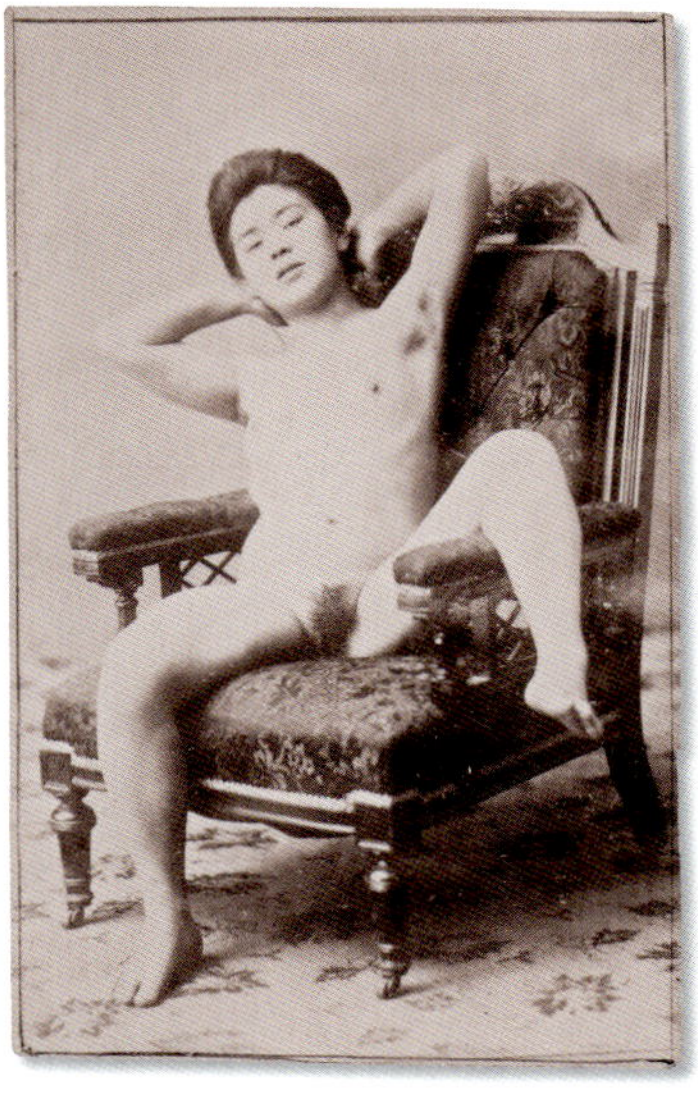

【写真12】**西洋椅子で大股開き**（石黒敬章提供）
舶来好みの日本人に売れるように、西洋椅子などを取り入れた写真が多く見られる。ポーズも男性の欲望を満足させるものだ。

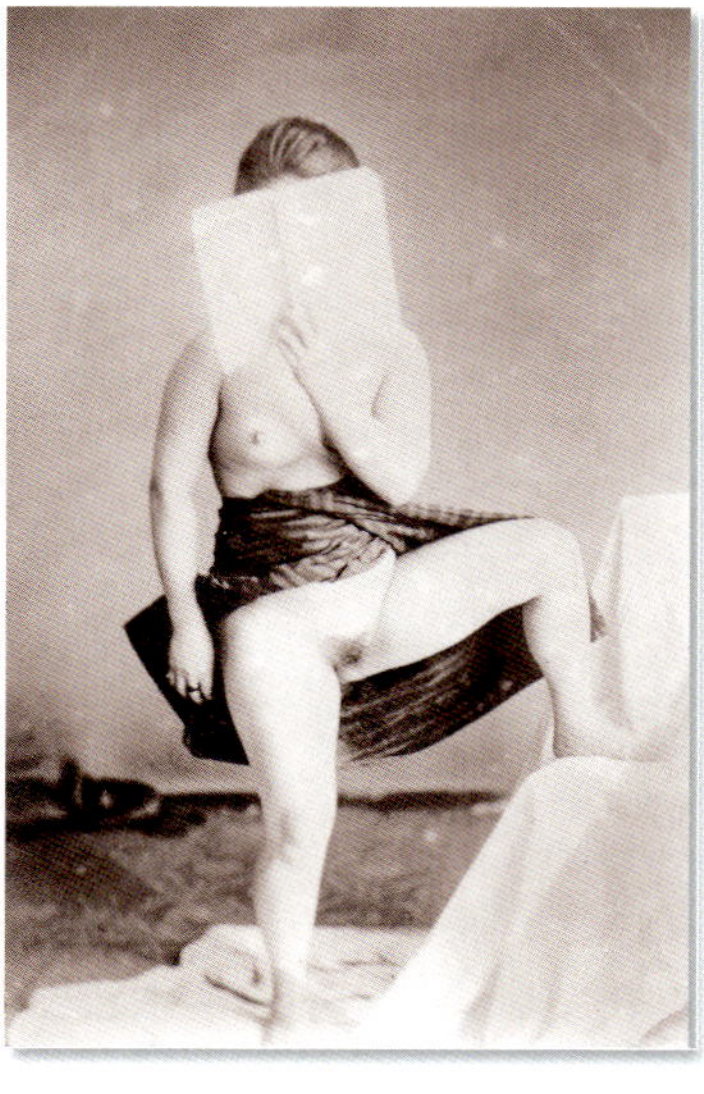

【写真13】**本で顔を隠す女**（石黒敬章提供）
収集したヌード写真のなかで唯一顔を隠したポルノ系ヌード写真である。斬新なアイディアの面白い写真だが、どうしても視線が下に向いてしまう。

【写真 14】**入浴**（石黒敬章提供）
撮影者：日下部金兵衛　撮影地：横浜
撮影年：明治 25 ～ 30 年（1892 ～ 97）頃
類似した入浴シーンは結構多いが、日下部金兵衛は若い美人を揃えて撮っている。と思っていたのだが、実は右端の女性は別人の顔だった。釜から立ち上る煙はレタッチしたもの。

右端の女性は別人？
上の写真の右端女性の拡大写真

日下部金兵衛はコラージュで顔を美人に変えた風呂場のシーンを売り出している。【写真14】はこれまでよく紹介された日下部金兵衛販売の入浴シーンである。誰もトリック写真だとは気づかなかった。

ところが数年前、【写真15】を本シリーズ『F・ベアトの幕末』でも執筆しているセバスティヤン・ドブソン氏が、ドイツの収集家を口説いて購入し私に譲ってくれた。

右端のモデルの顔をご覧いただきたい。この【写真15】に写る顔がありのままの顔なのである。それを可愛いモデルの顔にすげ替えて金兵衛は発売したのだった。【写真15】が見つからなければ、金兵衛のトリックにまんまと引っかかっているところだった。「金兵衛さんお主なかなかやるのう」と言ってやりたくなったのである。

可愛いい顔のほうの女性は、金兵衛の写真【写真16】【写真17】【写真18】などに度々登場する売れっ子モデルである。明治時代、すでにアイコラ（アイドルコラージュ）を行っていたのには驚きであった。

【写真 15】**入浴**

（石黒敬章提供）

撮影者：日下部金兵衛

撮影地：横浜

撮影年：明治中期

こちらが【写真 14】のオリジナル写真。右端の女性の顔は印象的で悪くはないのだが金兵衛さんは気に入らなかったらしい。直ぐにお気に入りの若いモデルにすげ替えて販売したようである。釜からの煙も写っていない。オリジナル写真は現在これ一枚しかない。

【写真 16】**お化粧**

（石黒敬章提供）

撮影者：日下部金兵衛

撮影地：横浜

撮影年：明治中期

入浴写真ですげ替えられた顔の娘は、日下部金兵衛撮影の横浜写真に数多く登場する。

【写真 17】**行水**（石黒敬章提供）
撮影者：日下部金兵衛　撮影地：横浜　撮影年：明治中期
これも金兵衛撮影のお気に入りモデルの行水シーン。右がすげ替えられた顔のモデル。

【写真 18】**日傘の娘**（石黒敬章提供）
撮影者：日下部金兵衛　撮影地：横浜　撮影年：明治中期
ヌード写真だけでなく、この娘は着物姿でもたびたび金兵衛の写真に登場する。売れっ子モデルだったのである。

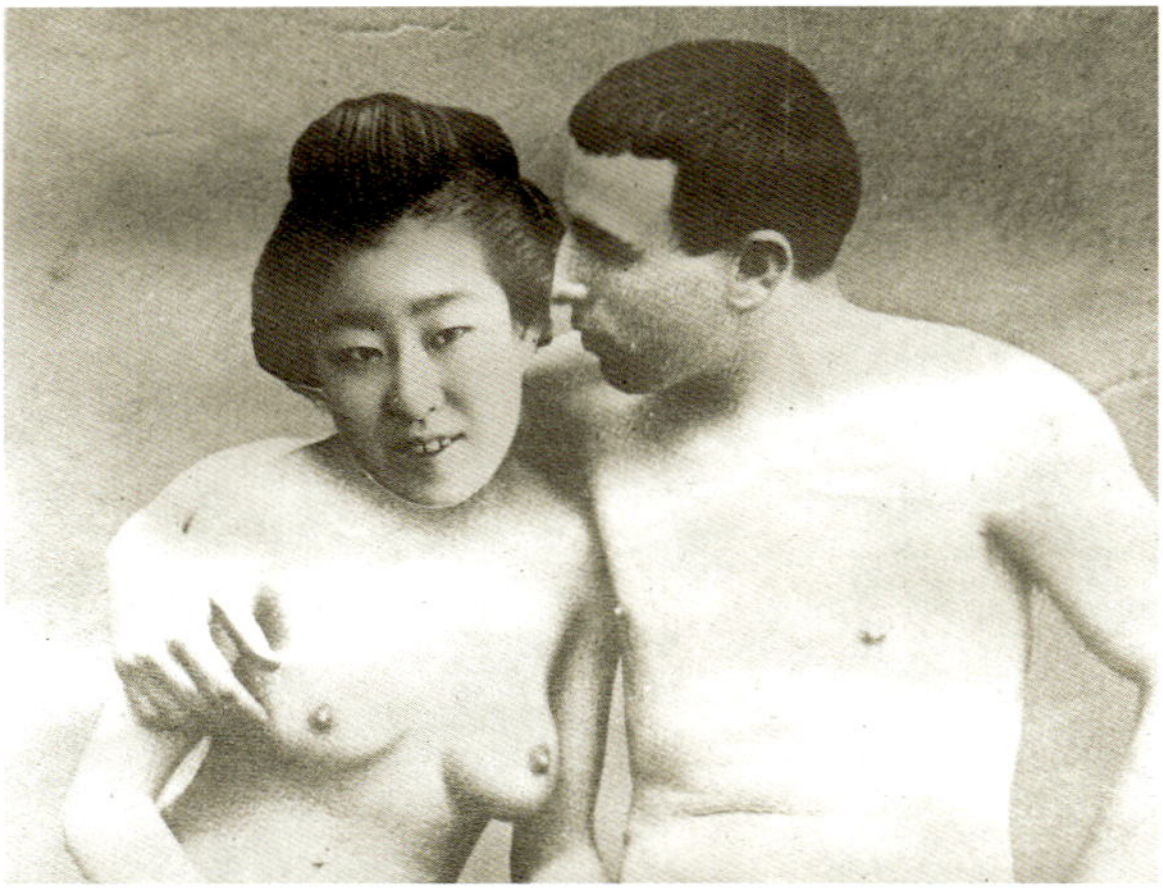

【写真 19】国際親善

（滝錬太郎氏蔵）
撮影者：不詳
撮影地：横浜か東京
撮影年：明治 25 ～ 30 年（1892 ～ 97）頃
女性の顔が大きく一見してコラージュとわかる。外国人と日本人女性のコラボも当時は人気があったことがうかがえるポルノ系ヌード写真。

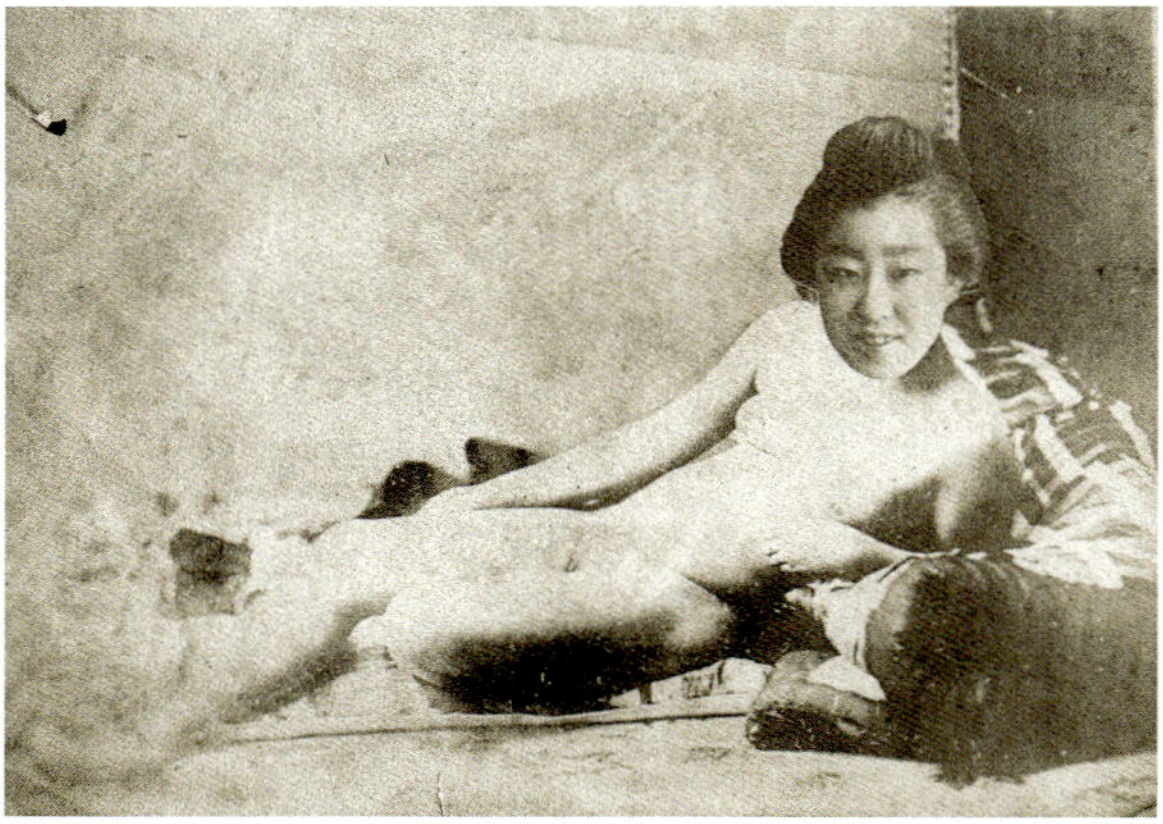

【写真 20】ほほ笑みのヌード

（石黒敬章提供）
撮影者：不詳
撮影地：横浜か東京
撮影年：明治 25 ～ 30 年（1892 ～ 97）頃
この写真も大きな顔だ。驚くなかれ「国際親善」【写真 19】とまったく同じ顔である。どちらも同じ顔写真で作られたコラージュであろう。左上に複写した写真の破れた穴が写っている。

●裏街道のアイコラ写真

【写真19】は、友人でヌード写真を集めている彫塑家の滝錬太郎氏が最近購入した裏ヌードの一葉である。これは明らかに女性の顔が大きく、コラージュしたものとわかる。外国男性の鼻が、女性の髪で少し削られていることもそれを裏付けている。

ビックリしたことに、私がかつて集めた裏ヌード写真のなかに、同じ顔の女性がいたのである。【写真20】である。これも顔が大きくてすげ替えられた写真とわかる。しかも両方ともにまったく同一の顔なのである。この二枚の写真を販売した写真館では、この女性の顔を切り抜いたものを、別のヌード写真に貼り付けては複写して売っていたものであろう。

この話にはまだ続きがある。【写真20】に写る身体の持ち主が、他のヌード写真のなかにいたのである。【写真21】が本物の顔である。裏焼き（左右が逆）になっていたのでこれまで見逃していたのだが、本誌

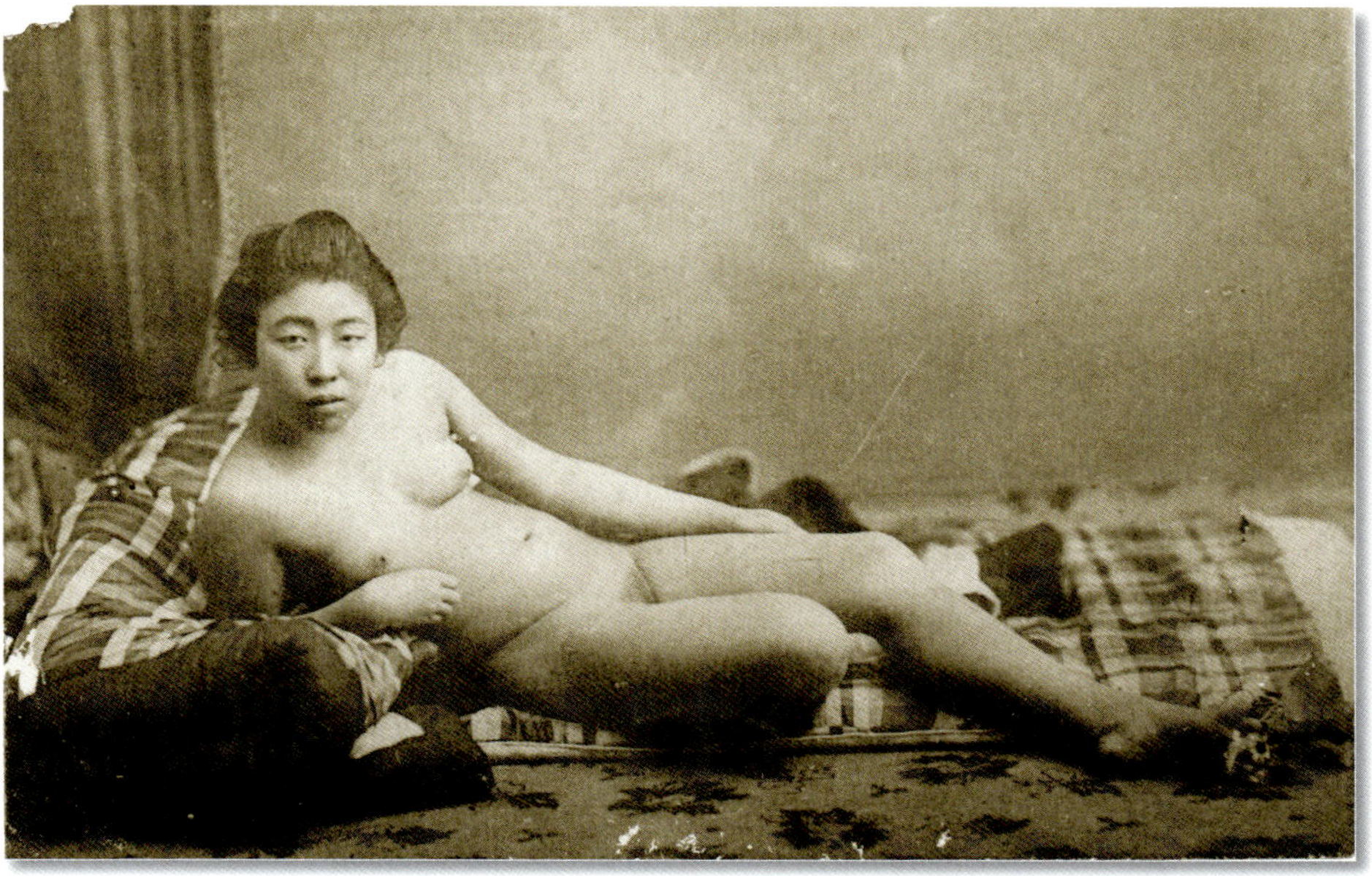

【写真 21】**飾らないポーズの女**（滝錬太郎氏蔵）
撮影者：不詳　撮
影地：横浜か東京
撮影年：明治 25 ～ 30 年（1892 ～ 97）頃
このスタジオで撮ったヌード写真は数多く残されているが、すべて右奥にカーテンが写っているのでこれは裏焼きである。左右が逆になるが【写真 20】とは同じ写真だとわかる。こちらがオリジナルであり、この女性がありのままの姿なのである。

執筆にあたっての調査で新たに発見したのである。その写真館ではたとえ不自然でも、すげ替えた女性のほうが美人で売りやすいと思ったのだろう。

顔すげ替え写真の決定版といえるヌード写真は【写真22】【写真23】の二枚であろう。かつて前述の滝氏が骨董市で買ったものである。明治期にこのようにプロポーションの良い日本女性がいたのかと、思わず息をのむほどのヌード写真である。しかしジーと見つめていると違和感がある。顔が飛び出しているように見えるし、向きもちょっとおかしい。それで合成だと気づいたのである。外国人の身体に日本人の顔をコラージュした写真だった。残念ながら明治の御代にはこのようなナイスバディの日本女性はまだ存在しなかったのである。

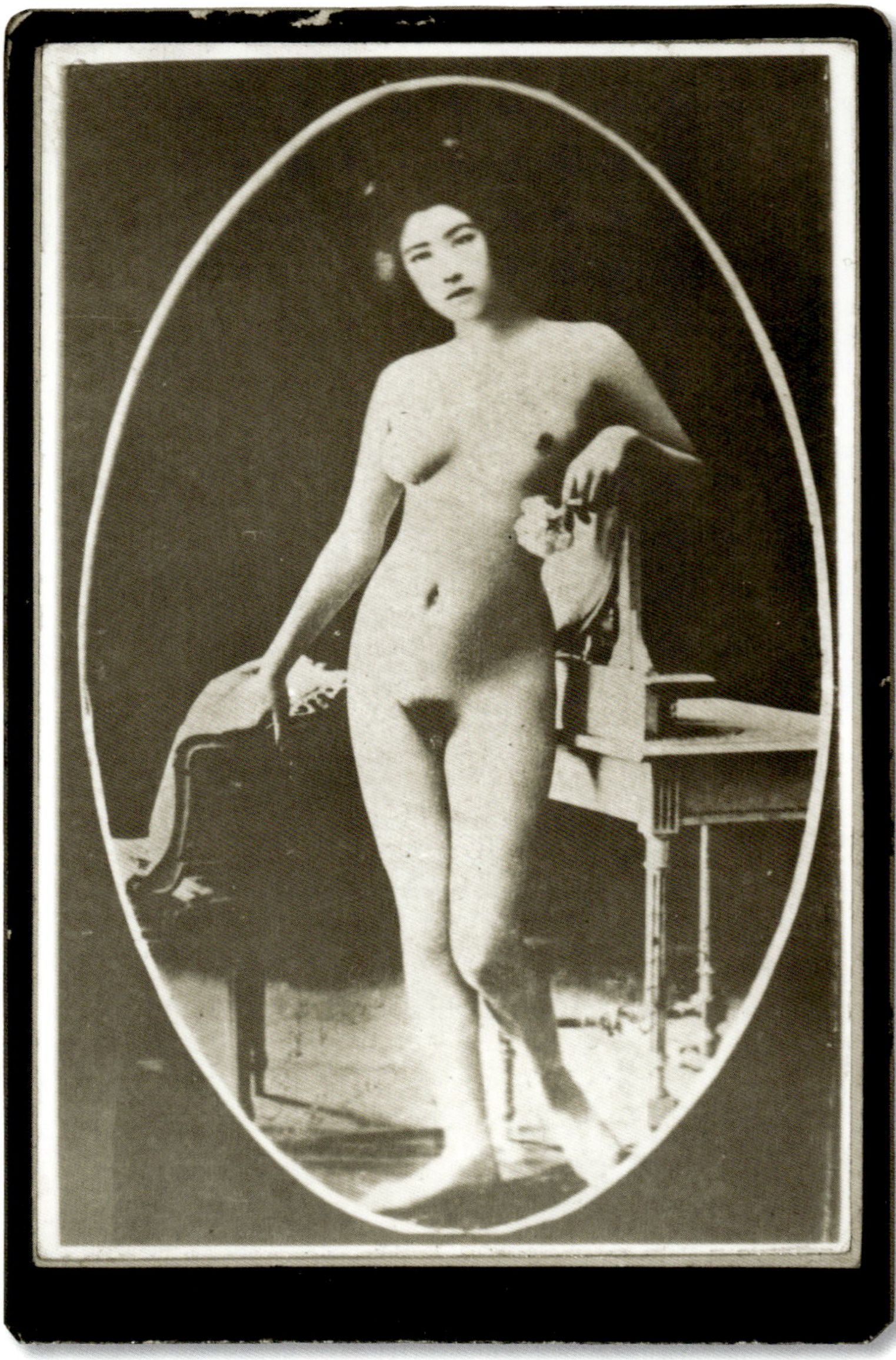

【写真22】八頭身美人のヘアヌード（滝錬太郎氏蔵）
撮影者：不詳　撮影地：東京か横浜　撮影年：明治25～30年（1892～97）頃
外国人女性のヘアヌードに日本人女性をコラージュした珍写真。上手にコラージュされているが、じっと見つめていると不自然さに気づく。

註

1 下川耿史著『【写真叢書】日本エロ写真史』（1995 年、青弓社発行）の『グロテスク』（昭和 4 年 7 月号）の記事を参照。

2『珍しい写真』（編纂者永見徳太郎、1932 年、粋古堂発行）。

3『限定版　下岡蓮杖写真集』（石黒敬章編、1999 年、新潮社発行）。裸の風俗写真は 51 頁と 125 頁に掲載。

4『幕末・明治の東京―横山松三郎を中心に』（編集東京都写真美術館、発行東京都文化振興会　1991 年）の 115 頁に掲載。

【写真 23】**ナイスバディの日本女性**（滝錬太郎氏蔵）
撮影者：不詳　撮影地：東京か横浜
撮影年：明治 25 ～ 30 年（1892 ～ 97）頃
お下げ髪の外国人の顔を束髪の日本女性の顔にすげ替えたので、黒頭巾を被ったような奇妙な髪形になっている。裏面に「東京市神田区三崎町三丁目写真師大川孝謹製」と印刷された台紙に貼られているが、大川孝撮影ではなく単に台紙が使われただけであろう。

雲をも凌ぐ展画

――二つの視覚文化の交差点としての「百美人」展

打林俊（日本大学芸術学部講師）

凌雲閣
（国立国会図書館蔵）
撮影者：不詳
撮影地：浅草
撮影年：明治 23 年（1890）頃
絵葉書。

◆螺旋空間を利用した写真鑑賞

「高い塔」といったら何を思い浮かべるだろうか。代表格といえばエッフェル塔やロンドン塔だが、日本でならば東京タワーやスカイツリー、通天閣などがまず浮かぶのではないだろうか。通天閣が一〇〇メートル、スカイツリーにいたっては六〇〇メートル超の高さで、頭が雲に隠れることもままあるが、明治時代には五〇メートルほどの高さで「浅草のエッフェル大塔」[1]とさえ謳われた塔があった。凌雲閣《りょううんかく》、またの名を浅草十二階がそれである。

明治になるまで、人々が人工建造物の高いところから見おろすことは権力と直結した行為であったといえる。それが明治時代になると、展望台のようなかたちで、ある種の興行として成立する。例えば、浅草には富士山縦覧場というものがつくられ、大阪にも凌雲閣と呼ばれる建物がかつてあった。大阪市教育委員会が大阪凌雲閣跡に設置した碑によれば、木造九階建て高さ約三九メートルで、どちらも螺旋状の通路をつたって登るものであったという。

一方、浅草十二階は明治二十三年（一八九〇）竣工、高さ五二メートルのれんが作り（上部は木造）で、当時日本一の高層建築。当時の絵はがきなどを見ても圧倒的な高さで、明治時代にあってはまさに凌雲閣の名前にふさわしい。この浅草凌雲閣は不思議と日本の写真界と関係が深く、設計者は日本の衛生工学の父といわれる、お雇い外国人にして明治中期の日本の写真界で指導的な役割を担っていたW・K・バルトンであった。さらに明治三十年には、凌雲閣株式会社の社長に早取り写真師を自称した江崎礼二《えざきれいじ》の名前が挙がっている。[2]

この塔の目玉は、何といっても日本初のエレ

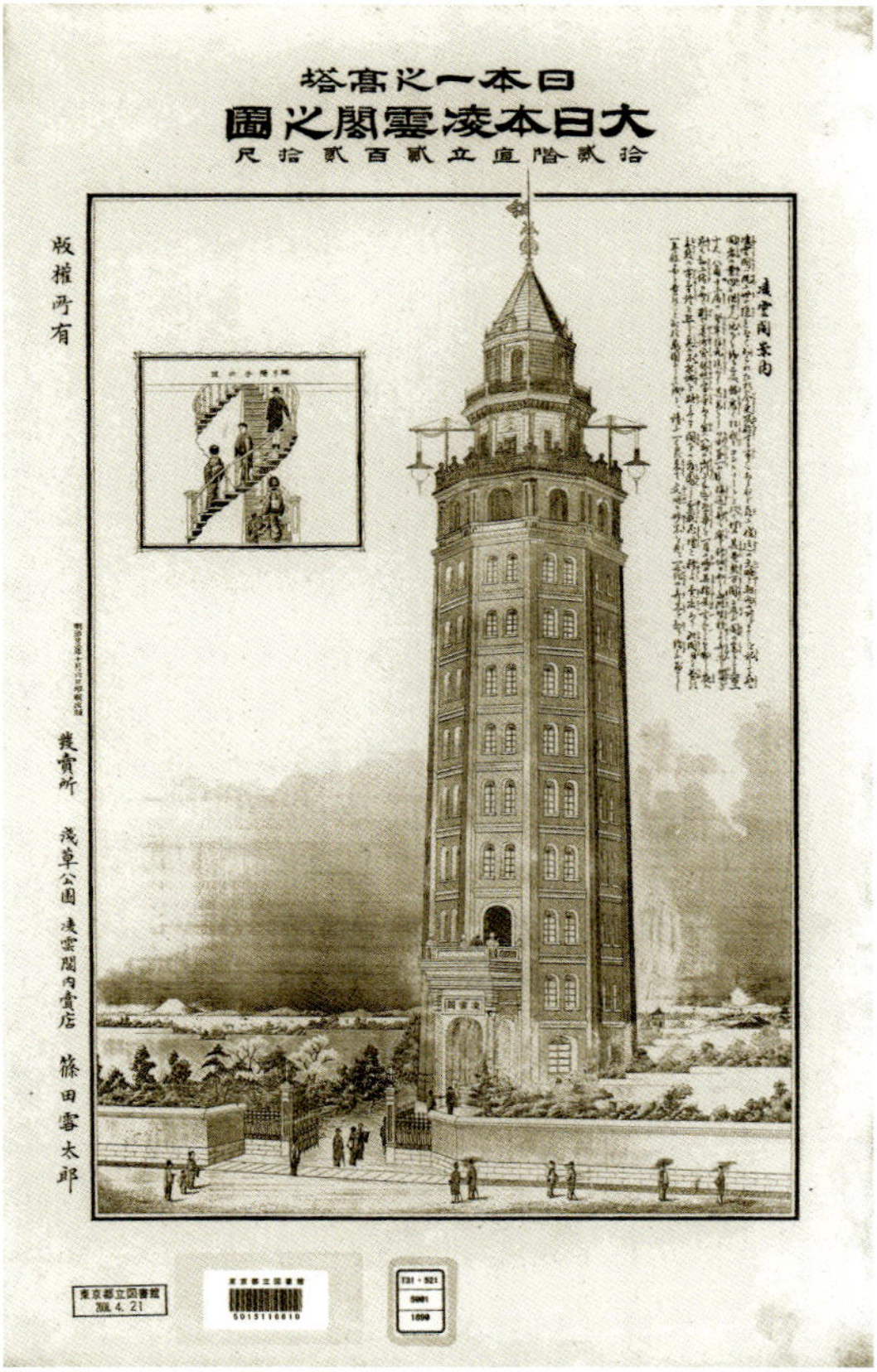

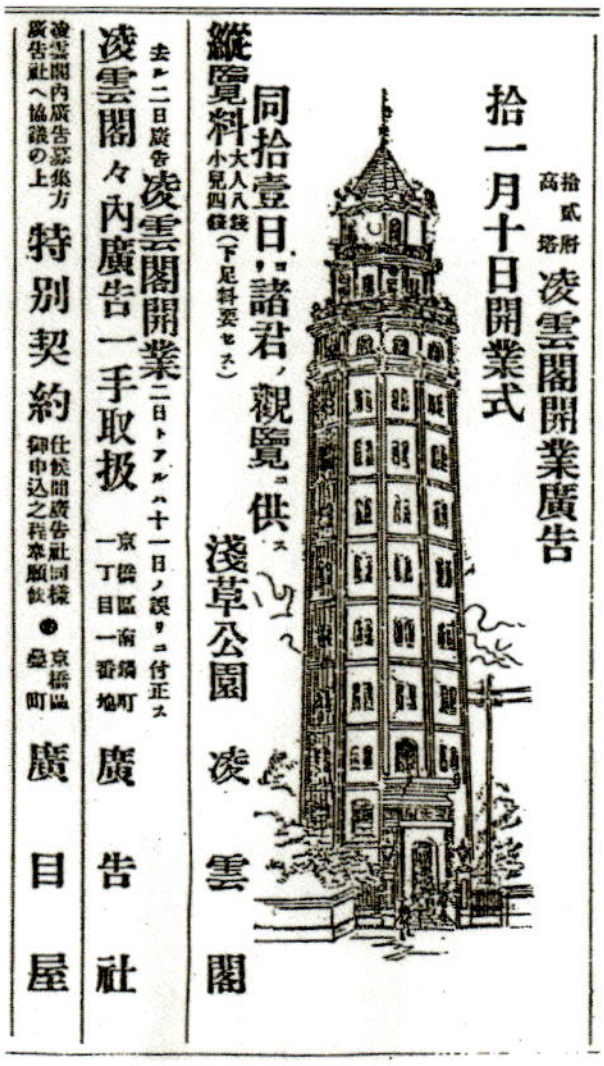

凌雲閣の広告
『郵便報知』明治23年(1890)11月10日発行。

「日本一之高塔 大日本凌雲閣之圖 拾弐階」（東京都立図書館蔵）
図中に螺旋階段を上る観客の様子が描かれている。

ベーターであった。しかし、開業直後から故障が相次ぎ、半年後には早くも使用停止に追い込まれている。当然、呼び物を失った凌雲閣は急速に集客力を落としていった。そこで打開策として企画されたのが、いわゆるミスコンであった。とはいえ、誰でもエントリー可能だったわけではなく、当代一の芸妓を選ぶというものであった。塔内部の階段の壁に沿って写真が展示され、登閣客は登閣料を払って投票用紙をもらい投票に参加した。具体的にどのような展示がなされていたかは判然としない部分もあるが、三階から七階にかけて展示がなされていたという。

「日本一之高塔 大日本凌雲閣之圖 拾弐階」を見ると、どうやら螺旋階段になっていたように見える。[3]この螺旋構造の中での鑑賞というのが、もう一つの注目したい視覚文化である。そもそも、内部が螺旋状の階段や傾斜のついた通路になっている建造物は、日本では江戸中期頃から忽然と現れる。現存している最古のものは会津若松市にある旧正宗三匝堂（通称栄螺《さざえ》堂で知られている、二重螺旋構造をもつ建造物のなかで

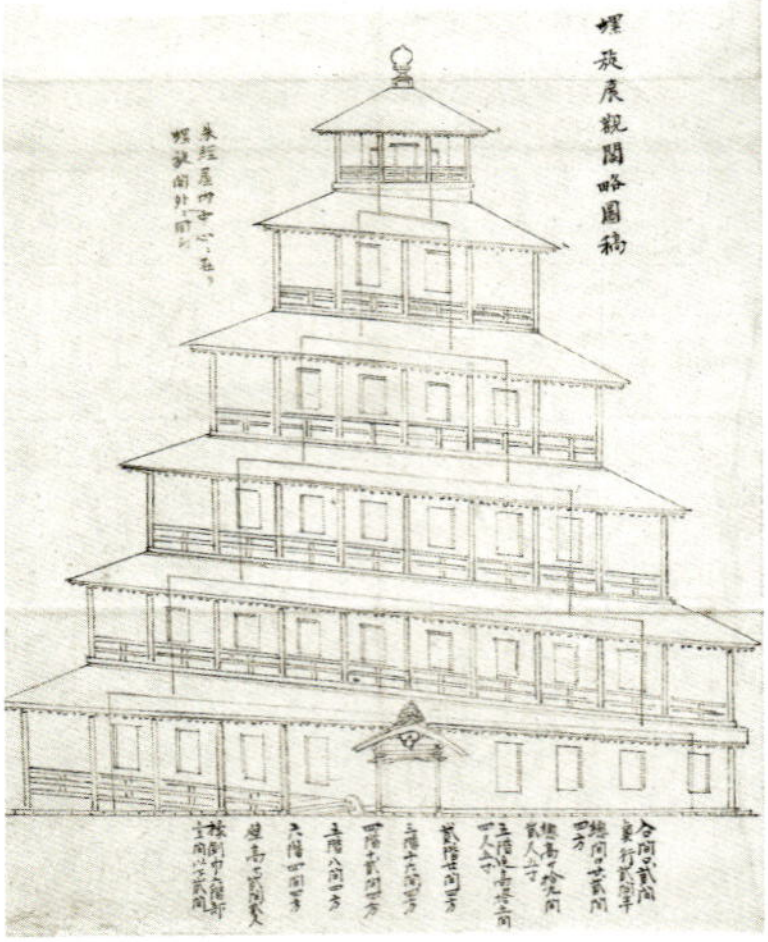

「螺旋展画閣略図稿」明治14年（1881）。（東京芸術大学大学美術館蔵）

小川一眞肖像（行田市郷土博物館蔵）

も最古の部類）で、ここにはかつて三十三観音像が飾られていた。

そして、この構造を美術鑑賞と結びつけたのが、明治期の油彩画家の草分け、高橋由一であった。由一は明治十四年に、二重螺旋構造のスロープに沿って絵画を鑑賞する「螺旋展画閣」構想を打ち立てている。この計画は実現には至らなかったが、螺旋構造が鑑賞と結びついていたことは注目に値するだろう。

つまり、螺旋空間における展画の構想は、おそらく「百美人」展で初めて実現に至ったものと考えられる。高い所から眺める文化と螺旋空間での鑑賞文化という、文明開化以降に新たに現れた視覚文化を同時に達成させたのが凌雲閣なのである。そして奇しくもというべきなのか、この百美人の撮影を担当したのが、油彩画と同時期に我が国にもたらされた新しい技術である写真を、当時最新の写真印刷技術と結びつけてその役割を一変させようと躍起になっていた写真師、小川一眞であった。[4] 小川は自らの写真館の通常営業を中止して芸者たちの写真撮影を請け負う。この撮影について、当時の新聞は以下のように報じている。

○凌雲閣の写真　写真師小川一眞氏は今度浅草公園凌雲閣よりの要求に応じ百妓の真影を写し撮るに就き其の撮影場の異なる時は自から写真面にも相違を生じるに付茲に大に意を用ひ百妓一様に撮影をなさしむる為め殊に一室を新築し丸窓より盆栽の飾附等に至るまで余さず大判形に撮影せりと[5]

百美人の企画は大当たりで、当初一ヶ月の予定だった会期は二ヶ月に延び、相当票数は四万八〇〇〇票超だったという。一位は玉川屋

玉菊
（行田市郷土博物館蔵）
撮影者：小川一眞
撮影地：東京
撮影年：明治 23 年（1890）
優勝した新橋玉川屋の玉菊。

玉菊、僅差で相模屋桃太郎、中村屋小豊、津の國屋吾妻といずれも新橋の芸者が続き、新橋花街勢の圧勝であった。

ところで、開会当初の新聞広告を見てみると「百美人」の文字はなく、「美人品評会」としか書かれていない。他にも「百美の図」「画美人」など名称はまちまちで、「百美人」の名が見られるのは、小川が彼女たちの写真をまとめた『百美人』写真帖の登場に由来する。いわば、「百美人」というこの催しの統一名称を生み出したのも小川だということになろう。[6]

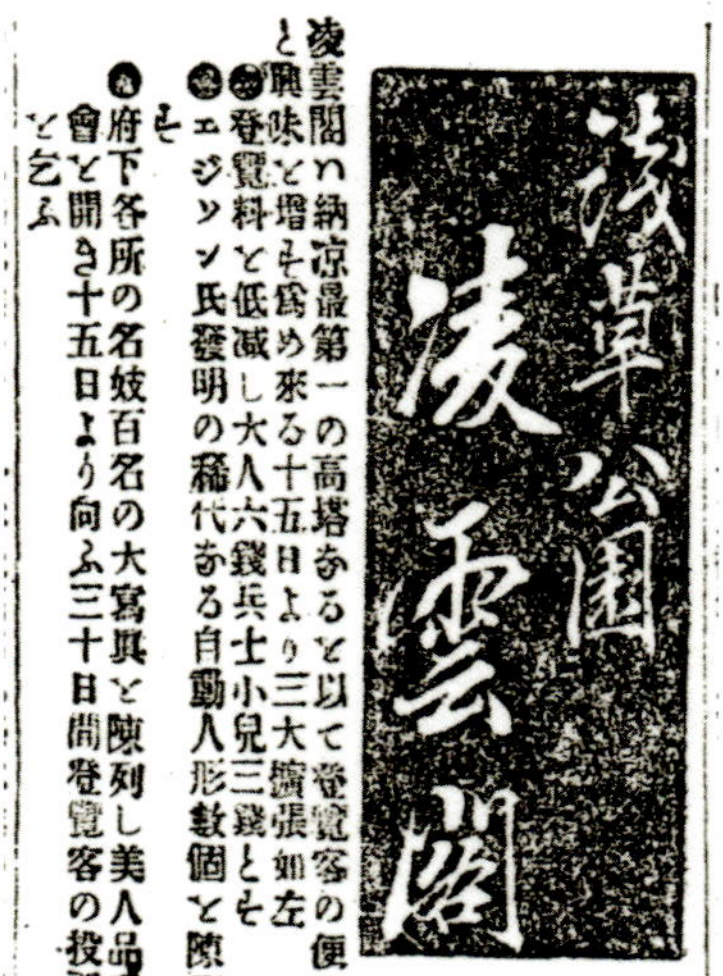

淺草公園 凌雲閣

凌雲閣は納涼最第一の高塔なるを以て登覽客の便利と興味とを増さん爲め來る十五日より三大擴張如左

● 登覽料を低減し大人六錢兵士小兒三錢とす

● エジソン氏發明の稀代なる自動人形數個を陳列す

● 府下各所の名妓百名の大寫眞を陳列し美人品評會を開き十五日より向ふ三十日間登覽客の投票を乞ふ

「百美人」展の開催を報じる新聞広告
明治24年（1891）7月15日付。

◆次々に発行された「美人」写真帖

凌雲閣百美人の催しはその後、翌明治二十五年と二十七年にも開催される。浅草十二階の催しとしてはこの三度だけであるが、小川は、その後少なくとも一〇年あまりにわたって実に巧みに百美人を事業展開に用いていく。「百美人」

展開催後には『Types of Celebrated Geysha of Tokyo』と題したコロタイプ印刷の写真帖を発売している。この写真帖は、小川の写真帖を多く扱っていたケリー&ウォルシュ商会から発売されており、「Geisha」が日本の典型イメージとして輸出されていたことを示しているといえよう。また、「百美人」展にも名を連ねていた日本橋の玉枝の写真は、一八九七年から九八年にかけてフランク・ブリンクリーがボストンで刊行した『Japan: Described and Illustrated』にも掲載されている。

　このように、明治期に新たに注目された、高い所からの眺めと螺旋空間での展示空間という視覚文化が重なったところに「百美人」展の開催があったばかりか、百美人は写真と印刷によって視覚的情報を大量に流通させる術を確立させつつあった小川一眞によって、対外的な広がりをも見せていたのである。

註

1『読売新聞』明治 23 年（1890）8 月 16 日付の記事による。

2 松山巖は『乱歩と東京』（筑摩書房、1994 年）で十二階の起案者を江崎、設計者をバルトンとして、写真家の見立てた塔と呼んでいる。

3 細馬宏道も『浅草十二階―塔の眺めと〈近代〉のまなざし』（青土社、2001 年）の中で「明治二四年、最も主要な呼び物だったエレベーターを失うことで、皮肉にも、浅草十二階はらせんの写真空間となった」と述べている。また、「百美人」展の開催経緯等の考察についても、同書に詳しい。

4 小川一眞が日本近代写真史に果たした役割は以下の文献に詳しい。打林俊『絵画に焦がれた写真―日本写真史におけるピクトリアリズム』、森話社、2015 年。

5『読売新聞』明治 24 年（1891）7 月 7 日付。

6「百美人」展開催後の小川の事業展開と百美人の展開については、以下の文献に詳しい。岡塚章子「小川一眞撮影『凌雲閣百美人人工着色アルバム』についての考察」、『東京都江戸東京博物館研究報告』15 号、pp.94-105、2003 年。

玉枝

（放送大学附属図書館蔵）
撮影者：小川一眞
撮影地：東京
撮影年：明治 23 年（1890）
日本橋芸者の玉枝。美人コンテストの参加者は全員芸者だったという。

北海道開拓写真――北海道における写真術のひろがり

大下智一（北海道立函館美術館主任学芸員）

木津幸吉（1830〜1895）

田本研造（1831〜1912）

●木津幸吉

北海道写真は箱館に始まる。この地における最初の写真撮影は、嘉永七年（一八五四）、アメリカのペリー艦隊に随行したエリファレット・ブラウン・ジュニアによるものだが、写真渡来においては、領事館が置かれたロシアからの影響が大きい。

越後新発田に生まれ、足袋職人として箱館に渡ってきた木《き》津《づ》幸吉《こうきち》（一八三〇〜一八九五）は、仕立屋として出入りしていたロシア領事館の領事ゴシケーヴィチに、偶然手に入れた写真機の扱いを学び、写真術を身につけた。元治元年（一八六四）、あるいは慶応二年（一八六六）には、この地で最初の営業写真師として露天の写場を開業したと伝えられる。

箱館における木津の活動は、箱館奉行を勤めた杉浦誠（梅潭）の日記に記されている。慶応三年四月二十九日に、「写真師幸吉」を奉行所に呼び、自分と次女のおとみを撮影させたとあり、現在、「杉浦娘とみ・九才」と裏書きのある写真が残されている。

しかし木津は、蝦夷地に開拓使が置かれ、北海道として新たな時代を迎えようとする明治二年八月、杉浦のあとを受けた清水谷《しみずだに》公考《きんなる》とともに東京に向かう。その際、機材一式を譲り受け

箱館奉行杉浦誠　次女とみ
（国文学研究資料館蔵）
撮影者：木津幸吉　撮影地：箱館
撮影年：慶応２年（1866）４月
鶏卵紙。杉浦の次女登美は安政５年（1858）１月14日生まれで、撮影されたとされる日記の日付、慶応３年４月29日には、写真の裏書きにあるよう９歳になっている。

木津幸吉の経営する写真場
（函館市中央図書館蔵）
撮影者：木津幸吉　撮影地：箱館
撮影年：幕末期
鶏卵紙。台紙の裏書きに「函館区舟見町九十番地　元酒屋和左ヱ門宅　木津孝（ママ）吉写真撮影ニ使用セル家　立テルハ酒屋和左ヱ門」とある。

たのが田本研造《たもとけんぞう》である。

●田本研造

田本研造（一八三一〜一九一二）は、紀伊国南牟婁郡に生まれた。開拓使の文書に見られる号「音無榕山」は、郷里を流れる熊野川の支流、音無川から取っている。医術を志し長崎に学んだ後、安政六年（一八五九）に箱館に渡った。その後凍傷のため右足を切断、手術に関わったロシア海軍医ザレスキーにより写真術を学んだ。慶応三年には、木津とともに松前を訪れ、福山城や松前藩の人物を撮影した。

田本が本格的に開業した年を、早いものでは明治元年と伝えている。函館市中央図書館に伝わる旧幕府脱走軍の日仏将兵を写した写真や、函館港内で沈没した旧幕府軍の軍艦回天の写真も、田本撮影の可能性もあろう。

明治四年（一八七一）、開拓使より札幌での開拓事業の撮影を依頼された田本は、門弟の井《い》田《だ》侾吉《こうきち》を助手として、石狩、札幌、小樽などを撮影し、函館に戻る。翌年提出された二二種一五八枚の写真は、東京の開拓使長官黒田清隆

徳川幕府脱走兵之士（函館市中央図書館蔵）
撮影者：田本研造ヵ　撮影地：函館　撮影年：明治２年（1869）頃
鶏卵紙。幕末に写された軍服姿の日本人、フランス人の集合写真で、いずれも箱館戦争に参加した人物。前列左から二人目はジュール・ブリュネ大尉。これとほぼ同じカットの写真がフランスに存在する。横浜にて下岡蓮杖が撮影したという説もある。

や開拓顧問ホーレス・ケプロンらに開拓の進捗状況を伝えるだけではなく、開拓使出張所などで展示された。

明治五年には、函館～札幌間を繋ぐ札幌本道開削工事を撮影、函館近郊写真、アイヌ人写真とともに、開拓使に提出した。

開拓使は、翌年のウィーン万博に、「北海道渡島州ノ内各地写真」四八枚、「蝦夷人写真」五九枚、「札幌景色」八枚を出品しているが、なかに田本の撮影した写真が含まれていただろう。さらに、明治六年から翌年にかけて、函館～札幌間の電信架線工事の竣功写真の撮影を依頼されている。

現在「我が国最初のドキュメント写真群」として高く評価されるこれらの仕事で、田本は北海道を代表する写真師として知られるようになった。その後も、函館のパブリックな写真を撮り続け、明治二十一年から明治二十三年に行われた「函館水道敷設工事」や、明治三十年の「函館港区営改良工事」の様子を撮影、冷静な観察力による峻厳さと明快さを伴った記録写真を残している。

千島国占守島第一島住民ノ図
（北海道大学附属図書館北方資料室蔵）
撮影者：井田侾吉
撮影地：北海道千島国占守島（ロシア名シュムシュ島）
撮影年：明治 11 年（1878）8月。
鶏卵紙。現地の北千島アイヌ人や、井深基ら開拓使官員とともに、この後函館願乗寺の住職堀川乗経の長女トネと結婚する、イギリスの地震学者ジョン・ミルンの姿が見られる。

●井田侾吉

田本の助手を長く務めた井田侾吉（一八四六〜一九一二）も、初期の北海道写真を支えた一人である。箱館近郊に生まれ、田本研造の弟子として写真を覚えた。

明治十一年には、開拓使官員井深基《いぶかもとい》に自費で同行、千島樺太交換条約により新たに日本領となった千島列島の様子を撮影した。コロディオン湿板方式による撮影のため、霧などを避けて晴天を待たなければならず、限られた滞在期間では多くの撮影はできなかったが、そのとき撮影した写真は、現在、北海道大学附属図書館に四枚残されている。

明治十七年、田本が乾板を使用するのにともない独立。明治三十年には樺太に支店を出したが、明治四十一年には日本領事館から退去令が出て閉店している。井田の関心は、せめぎ合う北方の国境沿いに向かっていたようだ。

●佐久間範造

小樽の佐久間範造《さくまはんぞう》（一八四四〜一八九七）も、

米国帆船ジラルド・シ・トベイ号手宮埠頭横著軌鉄陸揚ノ図

（北海道大学附属図書館北方資料室蔵）

撮影者：佐久間範造　撮影地：小樽　撮影年：明治 13 年（１８８０）９～ 10 月

鶏卵紙。ジラルド・シ・トベイ（Gerard.C.Tobey）号は、北海道最初の鉄道「官営幌内鉄道」に使用する蒸気機関車や鉄道資材などをアメリカから運搬した貨物船。レールが敷設された桟橋に、陸揚げされたレールや枕木などが見える。

後志国小樽群（郡）鴨（神）居古潭新道西の景（北海道立図書館蔵）
撮影者：佐久間範造　撮影地：小樽　撮影年：明治 15 年（1882）頃
鶏卵紙。幌内鉄道の線路敷設後の写真。現在の JR 函館線銭函～朝里間で、張碓駅（廃止）から小樽方向を写している。明治 12 年頃に、線路敷設前の馬車道だった同地を、佐久間が同じ地点から、同じ構図で撮影した写真も残されている。

北海道で早くから活動した写真師である。

陸奥国涌谷藩士の家に生まれ、本名は宍戸条之丞といった。砲術を学び、箱館戦争に参加したともいわれる。明治二年、函館で佐久間（某）に写真術を学び、見込まれて佐久間姓を継いだ。

明治三年頃小樽で営業を始めている。明治三十年、療養中の沼津で死去。開拓使の依頼により、明治十三年、北海道初の鉄道である幌内鉄道の開業にあたり、その工事や試運転の様子を撮影したことで知られる。また、そのとき撮影された写真は、開拓使によって、明治十四年の第二回内国勧業博覧会に出品されている。

●武林盛一

明治初年の札幌で活動した武林盛一《たけばやしせいいち》（一八四二～一九〇八）も、やはり田本研造に学んでいる。弘前で生まれ、紆余曲折を経て、若くして幕末の箱館にたどり着き、そこで写真に興味をもち、ロシア士官や田本から写真技術を学んだ。

明治四年、函館で写真館を開くが、翌年、大火で店を焼失し札幌に移った。そこで、開拓使の御用写真掛となるが、当初は人物撮影用の写

札幌停車場（北海道大学附属図書館北方資料室蔵）
撮影者：武林盛一　撮影地：札幌　撮影年：明治 15（1882）頃
鶏卵紙。幌内鉄道の終点として明治 13 年に開業。明治 14 年 12 月に新しい駅舎が完成し、翌年 1 月から使用された。貨車と客車を連結して構内に停車する機関車が見える。

真機しか持っていなかったという。

開拓使は、同年九月から二ヶ月間、横浜在住のオーストリア人写真家シュティルフリートに道内各地の撮影を依頼する。その際、武林を助手として同行させ、写真技術を学ばせたうえに、シュティルフリートが北海道を去るとき、写真器具を買い上げ、武林に払い下げている。

明治六年、御用写真師を解かれた武林は改めて写真館を開業、以後、開けゆく札幌の街を写した。開拓使本庁舎や、麦酒醸造所など各種の官営工場、札幌まで開通した鉄道、初期の北海道開拓を担った屯田兵の様子など、明治初年の札幌におけるパブリックな写真の多くは、武林が撮影している。

しかし、明治十七年に上京し、東京麹町区一番町に写真館を開業、札幌の写真館を弟子の三《み》嶋常磐《しまときわ》に任せ、以後は東京で活動を続けた。

●三嶋常磐

三嶋常磐（一八五四～一九四二）は、越後国刈羽郡で神官の家に生まれた。明治六年、武林のもとに入門するも、当時はまだ露天同様の写

札幌祭の手古舞一行（北海道大学附属図書館北方資料室蔵）
撮影者：武林盛一　撮影地：札幌
撮影年：明治10年（1877）代頃
鶏卵紙。ウィリアム・スミス・クラークが去った後の北海道、札幌農学校で教鞭をとった、アメリカの農学者ウィリアム・ブルックスの旧蔵品。札幌まつりは北海道神宮の例祭で、現在でも続く最大の祭り。現在の手古舞は女性のみだが、ここには男性の姿も見られる。

神居古潭ノ景
（北海道大学附属図書館北方資料室蔵）
撮影者：三嶋常磐
撮影地：旭川
撮影年：明治後期
ＰＯＰ。神居古潭（かむいこたん）は旭川市郊外にある、石狩川の急流を望む景勝地。明治31年（1898）、石狩川の北岸に沿って鉄道が開通した。線路脇に座る人物が印象的であり、実子武林無想庵が著述したエピソードを思わせる。

場であったという。札幌の武林写真館を引き継いでからは、札幌で最も代表的な写真師のひとりとなっていく。

　明治三十年前後から、三嶋は北海道庁の嘱託を受けて、道内港湾都市を撮影していた。開拓使の後を受けた北海道庁では、開拓民として呼び寄せること自体に傾注した開拓使とは違い、東部、北部の未開拓地のインフラを整えることによって、移住を促進する施策を取った。そのため、北海道移住の手引き書、案内書が多く発刊されたが、そこに掲載された写真の多くが、三嶋によるものとも考えられる。この時期、格段に増加した移民たちは、三嶋をはじめとした北海道写真師が捉えたイメージを抱いて、海を渡ったのだろう。

　ちなみに、武林盛一の養子となり四歳で養父と共に上京した三嶋の長男磐雄は、後の放浪の小説家、武林無想庵である。無想庵が著した『むさうあん物語』には、実父常磐の仕事ぶりも書かれている。

　明治三十一年、道庁の依頼で、開通した神居古潭トンネルの撮影に同行した際には、「白線

岩見沢工場（北海道博物館蔵）
撮影者：三嶋常磐
撮影地：岩見沢
撮影年：明治中期
鶏卵紙。幌内炭鉱と官営幌内鉄道の払い下げを受け、明治 22 年（1889）に設立された北海道炭礦汽船（旧・北海道炭礦鉄道会社）の旧蔵写真。車両製造、修理を行う工場内の機械を捉えた構成的な美しさが印象的である。

帽に霜降の制服姿で、トンネルの前に立たされ、この写真の点景人物」になったという。

●信伊奈亮正

明治二十年代から三十年代にかけて、北海道は大きな変革の時期にあった。旭川、釧路、帯広、北見といった都市は、いずれもこの時期に発展した「計画的都市」である。北海道での写真術は、そうした地域の急速な発展と需要の増大にあわせ、乾板の普及など写真術自体の発達により、加速度的に普及していった。

現在、北海道博物館が所蔵する、北海道炭礦汽船の写真コレクションには、明治中期から後期にかけて、北海道で活躍した写真師たちが勢揃いしている。黎明期から活躍した田本や三嶋をはじめ、明治二十年代に札幌で開業した信伊奈《しいな》亮正《すけまさ》（一八六八〜一九三三）の写真など、各種の工場や鉄道などを写した純粋な記録写真でありながら、構成的にも美しい。

夕張シホロカベツ川（北海道博物館蔵）
撮影者：信伊奈亮正　撮影地：夕張　撮影年：明治中期
鶏卵紙。北海道炭礦汽船（旧・北海道炭礦鉄道会社）の旧蔵写真。夕張など多くの炭鉱や、鉄道、工場なども経営した。夕張までの鉄道は、明治25年（1892）11月に開通している。

信伊奈は、明治二十七年に日食の撮影に成功、また明治四十年代に「人造光線専用写真室」と「新写真撮影装置」という二つの特許を取得するなど、新たな可能性をもたらす写真師であった。

北海道における写真術の一つ目の波は明治初年に、そしてもう一つの波はこの明治二十年〜三十年代に訪れたといえるだろう。

●「写真100年展」

北海道開拓写真が注目される契機となったのは、昭和四十三年（一九六八）の「写真100年―日本人による写真表現の歴史展」である。そこで、田本研造を中心とした明治初年の開拓写真が、「ドラマティックなまでのドキュメント群」と呼ばれたように、「生々しい記録写真」であることが強調され、そのモノクロームの鋭い画像と、北海道のもつ「朔北」のイメージが相まって、悲劇的なイメージで語られていることが少なくない。

日本製鋼所Ｂ工場コンプレッサー基礎之図（北海道博物館蔵）
撮影者：小林孝一郎　撮影地：室蘭　撮影年：明治中期
明治40年（1907）、英国の技術を導入して国産の兵器を製造する会社として、北海道炭礦汽船株式会社が、英企業との合同出資で室蘭市に設立した製鋼所。小林孝一郎は明治27年（1894）に室蘭で初めて写真館を開業した写真師。

しかし、同じ記録写真でも、北海道炭礦汽船の写真コレクションのように、抑制されたイメージをもつものも多い。そうした写真も含め、北海道開拓写真からは開拓事業のもつ過酷で悲惨な側面に目を向けたのと同じだけ、科学的な土木工事に対する賛嘆や、開けゆく北海道の未来に対する期待への視線を感じられる。

これらの写真の多くは、開拓を推進する為政者の依頼を受けて撮影されたものであり、場合によっては、作為的な場面の撮影を要求されたかもしれない。また、開拓事業は、先住者にとっての「侵略」であったことも忘れてはならない。それでも、「写真１００年展」で、北海道開拓写真の意義を、個人を超えた記録性がもつ力に求めたように、それらの写真は、政治的な意図のもと撮影を依頼されたにも関わらず、そこに組み込まれない力をももっている。

「北海道開拓写真」が、今なお我々の琴線を刺激するのは、そこに北の写真師たちが感じたであろう、開拓事業のもつ、光と闇、正と負、虚と実、その双方が写り込んでいるからではないだろうか。

第二番機関車停車場前停車之図（北海道大学附属図書館北方資料室蔵）
撮影者：佐久間範造　撮影地：室蘭　撮影年：明治 13 年（1880）10 月
弁慶号の試運転の際にクロフォード他のアメリカ人鉄道技師たちと日本人関係者たちの記念撮影。

【主な参考文献】

岩佐博敏『北海道写真百年史』(札幌写真師会、1970)／ニッコールクラブ編『北海道開拓写真史　記録の原点』（ニッコールクラブ、1980）／渋谷四郎『北海道写真史　幕末・明治』(平凡社、1983）／桑嶋洋一「函館写真史考　上・下」(函館市史編さん室編『地域史研究はこだて 17』『同　18』、函館市、1993 所収）／長野重一、飯沢耕太郎、木下直之編『日本の写真家〈2〉田本研造と明治の写真家たち』（岩波書店、1999）／『photographer's gallery press no.8 Artist photograph Kenzo Tamoto 』（photographers' gallery、2009）／東京都写真美術館編『夜明けまえ　知られざる日本写真開拓史　北海道・東北編　研究報告書』(東京都写真美術館、2013)

松前福山城全景（函館市中央図書館蔵）
撮影者：木津幸吉＋田本研造　撮影地：松前　撮影年：慶応２年（1866）
鶏卵紙。木津と田本の合作。福山城を城門正面から撮影したもの。松前の城下町は、明治元年（1868）、旧幕府軍との戦いのなかで焼け、また天守も昭和24年（1949）に焼失しまったため、往時の状態を今に伝える貴重な史料ともなっている。

札幌郡一ノ村の景（北海道大学附属図書館北方資料室蔵）
撮影者：田本研造　撮影地：札幌　撮影年：明治４年（１８７１）
鶏卵紙。開拓当初の一ノ村（現在の札幌市苗穂）の状況。原野の中に、伐採した木をそのまま積み上げた開墾地の真ん中に点々と建てられた小屋が、見るものに開拓の厳しさ、過酷さを伝える。

無沢之山道７４９番堅石切崩之図
（北海道大学附属図書館北方資料室蔵）
撮影者：田本研造　撮影地：函館近郊
撮影年：明治5年（１８７２）
鶏卵紙。『札幌本道開削写真帖』より。地名に付されている番号は、札幌本道の開削を記録した「道出来形絵図」（明治6年　北海道大学附属図書館蔵）の番号と対応する。この写真は大沼附近、現在は旧道となっているあたりを撮影したもの。

札幌本道開削（函館市中央図書館蔵）
撮影者：田本研造　撮影地：函館近郊　撮影年：明治５年（1872）
コロディオン湿板ネガ（掲載画像はポジに直したもの）。田本撮影の札幌本道開削写真のプリントは、北海道大学附属図書館などに数多く伝わっているが、近年、本作を含む７枚の未確認画像を写した四つ切りサイズのコロディオン湿板ネガが再発見された。手前の人物が大きくぶれており、失敗作だと思われる。田本の死後、遺族により函館市中央図書館の前身を作った岡田健蔵に寄贈されたものであろう。

明治四年ノ札幌　札幌仮役所物見ヨリ西ヲ見ル
（北海道大学附属図書館北方資料室蔵）
撮影者：田本研造　撮影地：札幌　撮影年：明治４年（1871）
鶏卵紙。開拓使仮庁舎（北４条東１丁目）の屋上から見た建設中の札幌市街。現在の街の中心に位置するあたりだが、まだほとんど建築物は見えない。原始林の向こうに手稲山の稜線が見える。横に広がりを見せる構図が、北海道の広大な大地を効果的に表している。

亀田橋ヨリ函館ヲ望ム（北海道大学附属図書館北方資料室蔵）
撮影者：田本研造　撮影地：函館近郊　撮影年：明治６年（1873）
鶏卵紙。函館札幌間新道沿いの電信線架設竣功写真。２枚横継ぎのパノラマ写真で、遠く函館山を背景に、まっすぐに伸びる道が画面左奥へと続いている。まっすぐに伸びる道と、沿道に立つ電柱による遠近感が作り出す構図が、広がり、奥行きを感じさせる。

五稜郭伐氷図（函館市中央図書館蔵）

撮影者：田本研造　撮影地：函館　撮影年：明治 10 年（1877）2月

鶏卵紙。開拓使は、重要な産物であった五稜郭氷の伐氷事業を行う中川嘉兵衛に対し、田本がその様子を撮影するので不都合のないようにとの通達を出す。当時はコロディオン湿板方式での撮影であったため、そこで働く人物を明確に写すためには、現場の協力が必要であった。

鉄管排列　船場町（函館市中央図書館蔵）
撮影者：田本研造　撮影地：函館　撮影年：明治 22 年（1889）5月
『水道布設工事写真帖』より。鶏卵紙。度重なるコレラの発生に悩まされた函館にとって、上水道の敷設は悲願の事業であった。田本は函館区の依頼により、明治 21 年～ 23 年の函館水道布設工事と、明治 27 年～ 29 年の第二期水道工事の様子を撮影した。

函館港区営改良工事　橋上に設置せる起重機
（土木学会附属図書館蔵）
撮影者：田本研造　撮影地：函館　撮影年：明治30年（1897）10月
鶏卵紙。函館港区営改良工事は、大型船の増加と、土砂などの流出により、港の深さが不足してきたために行われた。明治初年の開拓工事とは格段の差を感じさせる、港湾工事の規模の大きさ、工作機械の数々が撮影されている。

花ゴザを編むアイヌ（函館市中央図書館蔵）
撮影者：井田侾吉　撮影地：函館近郊　撮影年：明治 10 年（1877）頃
鶏卵紙。アイヌの写真は、外国人カメラマンをはじめ、田本研造、武林盛一ら多くの写真師が撮影し、それらは海外にも流通している。井田もアイヌ人の撮影旅行を行い、その写真を販売していた。

建築中の井田写真館（函館市中央図書館蔵）
撮影者：井田侾吉　撮影地：サハリン州コルサコフ（樺太大泊町）
撮影年：明治 30 年（1897）頃
井田は明治 30 年頃、サハリンのコルサコフ（樺太大泊町）に支店を出し、函館と当地の両方で営業を行っていた。建築途中のロシア風の丸太建築が写っている。

開拓使本庁舎上棟式（北海道立文書館蔵）
撮影者：武林盛一　撮影地：札幌　撮影年：明治６年（1873）７月
鶏卵紙。

函館セメント工場（北海道博物館蔵）
撮影者：田本研造　撮影地：上磯（現・北斗市）　撮影年：明治中期
鶏卵紙。明治25年（１８９２）、北海道セメントが上磯に建設した工場。現在でも稼働しており、国内のセメント工場としては、唯一、一〇〇年を超える歴史をもつ。

開拓使本庁舎（北海道立文書館蔵）
撮影者：武林盛一　撮影地：札幌　撮影年：明治６年（1873）10月
鶏卵紙。開拓使本庁舎は開拓使顧問ケプロンの構想に基づき、開拓使工業局営繕課が建築を担当した。明治５年７月着工、６年７月上棟式を挙げ、同年10月に落成。総面積約615平方メートル、頂上八角座までの高さが約25メートルの三層の洋館で、総工費３万円あまりをかけた大がかりなものであったが、築後５年目の明治12年、火災のため焼失した。

札幌ニ於イテ屯田兵整列（北海道大学附属図書館北方資料室蔵）
撮影者：武林盛一　撮影地：札幌　撮影年：明治11年（1878）10月
鶏卵紙。札幌農学校演武場（現在の時計台）落成式に際し、演武場前に整列した山鼻・琴似両兵村の屯田兵の様子を撮影したもの。

第二機関車弁慶号試運転

（北海道立文書館蔵）

撮影者：佐久間範造　撮影地：小樽　撮影年：明治13年（1880）10月　鶏卵紙。「弁慶号」は、幌内鉄道の開業にあたり、アメリカから輸入された2両の蒸気機関車のうちの1両の愛称で、もう1両は「義経号」と呼ばれた。この写真は、翌14年の第2回内国勧業博覧会に開拓使から出品されている。

札幌麦酒醸造所開業式（北海道立文書館蔵）

撮影者：武林盛一　撮影地：札幌　撮影年：明治9年（1876）9月　鶏卵紙。現在のサッポロファクトリーがある場所（北2条東4丁目）に設立。積み上げられた樽の文字は、「麦とホップを製す連者（れば）ビイルとゆふ酒に奈（な）る」と読める。同じく武林が撮影した札幌葡萄酒醸造所の写真とともに、明治14年の第2回内国勧業博覧会に開拓使から出品された。

明治 35 年の大行軍　十勝の山道を行軍中の屯田兵（北網圏北見文化センター蔵）
撮影者：栄精美　撮影地：帯広近郊　撮影年：明治 35 年（１９０２）10 月
鶏卵紙。北見地方（湧別、野付牛）に入地していた屯田歩兵第四大隊のなかから選抜編成された一個中隊が、十勝・釧路に行軍した際、十勝太付近にて写したもの。撮影者の栄精美は、旭川の中鉢写真館で修業し、この年帯広で開業した写真師。

椅子にかける和装女性
（函館市中央図書館蔵）
撮影者：横山松三郎ヵ
撮影地：不詳
撮影年：不詳
湿板写真。

椅子にかける和装女性
（函館市中央図書館蔵）
撮影者：横山松三郎ヵ
撮影地：不詳
撮影年：不詳
湿板写真。

中国人男性と椅子にかける和装女性２人
（函館市中央図書館蔵）
撮影者：横山松三郎ヵ
撮影地：不詳
撮影年：不詳
湿板写真。

業。明治５年頃より、熊本城・山崎練兵場・水前寺公園などの撮影を開始する。明治９年、塩屋町に住居・スタジオを作る。明治10年、西南戦役前の熊本城を撮影し名をあげた。

中浜万次郎（なかはま　まんじろう）
（1827 ～ 1898）
文政10年（1827）、土佐の中浜で漁師の次男として生まれる。９歳の時に父親を亡くし、万次郎は幼い頃から稼ぎに出た。天保12年（1841）、漁に出て遭難。アメリカの捕鯨船ジョン・ホーランド号によって助けられ、英語、航海術、測量術を学ぶ。嘉永４年（1851）、琉球に上陸、嘉永６年、直参旗本となり、その際、故郷である中浜を姓として授かり、中浜万次郎と名乗るようになる。万延元年（1860）、日米修好通商条約の批准書交換のために幕府が派遣した海外使節団に参加、この時に写真術を学ぶ。帰国後、田辺貞吉や松平容保、柏木忠俊らに写真術を教えたといわれる。明治３年（1870）、普仏戦争視察団としてヨーロッパへ派遣された時にホイットフィールド船長に再会を果たす。

長谷川吉次郎（はせがわ　きちじろう）
（生没年不詳）
内田九一に写真術を学び、明治初年に東京に開業する。明治９年（1876）松崎晋二とともに明治天皇の奥羽御巡幸に同行、沿道の名勝を撮影する。明治11年頃大型の写真機を輸入、撮影を行い驚かせた。

二見朝陽（ふたみ　ちょうよう）
（生年不詳～ 1880）
二見朝隈の弟で本名は小林利藤太。北庭筑波から写真術を学ぶ。湿板修正法の達人であった。丸木利陽は初め朝陽に学び利陽の号を貰った。

堀　与兵衛（ほり　よへい）（1826 ～ 1880）
文政９年（1826）、京都の商家の長男として生まれる。文久２年（1862）頃に辻礼輔から写真術を学ぶ。元治元年（1864）、京都寺町通仏光寺南に写真館を開業する。その後、京都祇園町切場に支店を開く。慶応３年（1867）、仁和寺宮（のちに東伏見宮）の還俗の撮影時に「月の家眞澄」の名前を拝命した。写真業のほかガラス製造業行っており、砂金石（アベンチュリン）をガラスで作ることを発明して巨額の富を得た人物でもある。

松崎晋二（まつざき　しんじ）（1850 ～没年不祥）
横山松三郎に写真術を学び、1869（明治２）年東京で写真館を開業。明治７年（1874）陸軍省の依頼で台湾の役を撮影し、従軍写真師となった。明治９年の奥羽御巡幸に同行し沿道の景勝を撮影するとともに、松崎は福島県庁からの依頼により半田銀山・二本松製糸会社などを撮影して展覧に供している。明治10年、第１回内国勧業博覧会で褒賞。明治19年、『写真必用写客の心得』を刊行する。

丸木利陽（まるき　りよう）（1854 ～ 1923）
嘉永７年（1854）、越前福井城下に生まれる。明治８年（1875）、東京に出て二見朝陽のもとで写真術を学ぶ。明治13年、写真館を開業。明治21年に新橋に豪華な写真館を建設し移転。同年より鈴木眞一とともに明治天皇、昭憲皇太后を撮影する。「丸木式採光法」を発明し、明治23年、第３回内国勧業博覧会で３等賞、明治42年の日英博覧会にも出品した。。

横山松三郎（よこやま　まつさぶろう）
（1838 ～ 1884）
天保９年（1838）、千島列島のエトロフで生まれる。家系は箱館の廻船業高田屋嘉兵衛の請負を生業としていた。嘉永５年（1852）、箱館の呉服商に丁稚奉公に出て、そこで写真の存在を知る。この頃から画家を志した。文久元年（1861）頃に箱館に来航していたロシアの画家レーマンに巡り会い、画業と写真術を学ぶ。元治元年（1864）、下岡蓮杖に学び、慶応４年（1868）、江戸両国に写真館を開業、その後上野に移り「通天楼」という写真館を営業した。明治３年（1870）、日光山の撮影、翌明治４年には蜷川式胤の依頼を受けて、荒廃した江戸城を撮影した。明治５年、京都・奈良方面の古社寺の文化財調査（壬申検査）に参加、古社寺や古器旧物の撮影を行い、その業績は今日も美術史研究上の貴重な資料となっている。明治９年から陸軍士官学校の教員となり、写真石版の技術などを教えるとともに様々な技術開発に従事し、明治11年の気球の写真は、サイアノタイプと呼ばれる技法を用いて制作されている。

清水東谷（しみず　とうこく）（1841 ～ 1907）
天保 12 年（1841）江戸浅草に生まれる。幕府の絵師だった父に絵を学び、後に狩野派の画家となって玉竜と号した。安政 6 年（1859）、幕府の命令により長崎に赴き、文久元年（1861）頃よりシーボルトのもとで植物写生を手伝い、その折に写真術を学ぶ。文久 2 年、シーボルトが離日する際に写真機と薬品を譲り受ける。明治 5 年（1872）、横浜で写真館を開業するが、すぐに東京日本橋に移転。翌年には呉服町に移転する。明治 14 年、第 2 回内国勧業博覧会の写真部門で最高賞、油彩も賞を得て高名を謳われた。

下岡蓮杖（しもおか　れんじょう）（1823 ～ 1914）
文政 6 年（1823）伊豆下田に生まれる。浦賀船改御番所に勤めていた桜田与総右衛門の三男として生まれる。弘化元年（1844）に江戸の狩野董川に学び董円の画号を与えられる。この頃、ダゲレオタイプを初めて目にし、写真術の修得を志す。安政 3 年（1856）、ヒュースケンからカメラや三脚の形、撮影・現像の様子などを教わる。その後、ジョン・ウイルソンに学ぶ。文久 2 年（1862）、横浜に写真館を開業する。明治 8 年（1875）妻が亡くなると東京浅草に移住し、晩年は写真館の背景画を描くようになる。多くの弟子に恵まれ、横山松三郎、臼井秀三郎、鈴木眞一、江崎礼二、中島待乳らを輩出した。

鈴木眞一（すずき　しんいち）（1835 ～ 1918）
天保 6 年（1835）、伊豆に生まれる。安政元年（1854）、大震災に遭い財を失い蚕卵紙の仲買をするようになる。慶応 3 年（1867）、下岡蓮杖の門を叩き、写真術を学ぶ。明治 6 年（1873）、横浜弁天通に鈴木写真館を開業。その後、本町に壮麗な写真館を新築した。開業後の鈴木眞一は肖像写真の撮影、日本の名所や風俗の彩色写真販売、陶磁器への写真焼き付けに成功する。岡本圭三を娘婿として二代目鈴木眞一を継がせた。

武林盛一（たけばやし　せいいち）（1842 ～ 1908）
天保 13 年（1842）、陸奥国弘前生まれ。安政 5 年（1858）、箱館奉行所の足軽となり蝦夷地に渡る。外国艦船に出入りして写真に興味をもつようになり、明治元年（1868）、田本研造に師事し写真術を学んだ。明治 4 年函館で写真館を開業する。のち札幌に移る。明治 5 年、開拓使写真御用掛に任命され、北海道各地の記録撮影を行う。明治 17 年、東京に写真館を開業した。

玉村康三郎（たまむら　こうざぶろう）
（1856 ～没年不詳）
安政 3 年（1856）生まれ。父は輪王寺宮の家臣であった。明治元年（1868）、金丸源三に写真を学ぶ。明治 7 年、東京浅草で写真館を開業、明治 9 年、横浜弁天通りに移転し外国人専門の写真館を開いた。明治 14 年頃より日本の風景や風俗、幻灯写真に着色したものを輸出するようになった。明治 21 年、磐梯山の噴火を撮影、幻灯会を開催する。明治 29 年、ボストンの出版社 J. B. ミレット（J. B. Millet）依頼で日本の名勝・風俗写真 100 万枚の生産をはじめ、海外にその名を知られるようになった。

田本研造（たもと　けんぞう）
（1832 ～ 1912）
天保 3 年（1832）紀伊国に生まれる。家は代々農家を営んでいた。23 歳の時に長崎へ行き、吉雄圭斎の門人となり舎密学、上野彦馬に写真術を学ぶ。圭斎の息子である松本喜四郎に随行して松前に赴いたが、凍傷になり片足を切断する。療養中ロシア領事ゴシケーヴィチが所持していた写真機に興味をもち、木津幸吉や横山松三郎に写真術を学ぶ。明治 2 年（1869）の函館戦争の前には旧幕府軍の写真撮影を行った。明治 4 年、開拓使の要請で石狩地方の開拓の記録を始め、翌年までに撮影を続けた。明治 9 年、100 坪以上の自宅を新築し、明治 12 年の函館の大火に遭うが、道路改正の際に敷地を寄付し、近隣に土地を購入して新たに新築。広く立派なその建物は函館港一の美観であると称された。

冨重利平（とみしげ　りへい）
（1837 ～ 1922）
天保 8 年（1837）、筑後国柳川鍛冶屋町に生まれる。文久 2 年（1862）、写真術を学ぶため長崎今下街の亀谷徳次郎に写真術を学ぶ。元治元年（1864）、上野彦馬に師事する。慶応 2 年（1866）、柳川で写真館を開業する。明治 3 年（1870）、熊本新堀町で写真館を開

作成／天野圭悟（あまの けいご）
1973年、神奈川生まれ。法政大学大学院人文科学研究科修士課程修了。主要な研究テーマは近世文化史。東京都写真美術館インターン中に初期写真研究をはじめ現在に至る。共著『レンズが撮らえた　F・ベアトの幕末』2012年、『レンズが撮らえた　上野彦馬の世界』2012年、『レンズが撮らえた　外国人カメラマンの見た幕末日本Ⅰ』『レンズが撮らえた　外国人カメラマンの見た幕末日本Ⅱ』2014年ほか。

り写真館を開業する。明治12年、写真館を宮下欽に譲り渡し、アメリカに留学して原板修正法など最新の技術を学び、明治14年に帰朝する。その後、横浜の鈴木眞一の写真館の支店として東京九段坂に写真館を開業する。明治22年、鈴木写真館は宮内省御用掛となり、皇族の写真を撮影することになり、その機会に二代目鈴木眞一を襲名する。

小川一眞（おがわ　かずまさ）（1860～1929）
万延元年（1860）武蔵国忍（埼玉県行田市）に生まれる。豊岡町の吉原秀雄に師事したのち、語学習得のために上京、その後横浜の下岡太郎次郎（下岡蓮杖の養子）に学んだ。明治15年（1882）渡米し、乾板製法・写真製版・コロタイプ（印刷）の技術を修得して帰国、明治18年東京麹町区に玉潤館を開業する。明治21年に宮内省・内務省・文部省によって宝物調査が行われた際に写真師として同行した。明治22年に美術雑誌『国華』の創刊に協力し、コロタイプ（印刷）による図版を作っている。明治43年、写真師として唯一帝室技芸員として選ばれる。

鹿島清兵衛（かじま　せいべい）
（1866～1924）
慶応2年（1866）大阪の造り酒屋鹿島屋の次男として生まれる。東京新川の川島家の養嗣となる。今津政二郎（松林堂）に写真術を学ぶ。明治21年（1888）、小川一眞、W.K.バルトンらと築地乾板製造所を設立する。明治22年、小川一眞、W.K.バルトンらが設立した日本写真協会に参加する。欧米の機械材料を輸入して作品を制作し内国博覧会などに出品した。明治28年には東京木挽町に最新の機械を揃えた玄鹿館を開業する。

片岡久米（かたおか　くめ　如松）
（1843～没年不詳）
天保14年（1843）生まれ。日光山輪王寺の書役。明治2年（1869）、日光山を撮影に来た横山松三郎に師事し、写真術を学ぶ。写真師として片岡如松と名を改めて栃木町に写真館を開業して活動する。

北庭筑波（きたにわ　つくば）（1842～1887）
天保13年（1842）、江戸呉服町の油問屋に生まれる。本姓は伊井孝之助。慶応4年（1868）、横山松三郎から写真術を学ぶ。また。下岡蓮杖などにも師事して写真術を学ぶ。明治4年（1871）、浅草に写真館を営業する。明治7年、深沢要橘と写真雑誌『脱影夜話』を創刊する。

木津幸吉（きづ　こうきち）（1830～1895）
文政13年（1830）越後新発田に生まれる。ロシア領事ゴシケービィチに写真術を学ぶ。元治元年（1864）頃に函館船見町に写場を開設する。慶応3年（1867）、田本研造とともに松前藩の福山城を撮影。明治12年（1879）、浅草で写真館を開業する。

日下部金兵衛（くさかべ　きんべえ）
（1841～1932）
天保12年（1841）、甲斐国甲府に生まれる。文久3年（1863）頃から、横浜のフェリーチェ・ベアトに写真術を学び、写真館で写真の着色技師として働く。慶応3年（1867）にはベアトに随行して上海に撮影に出かける。帰国後、ベアトが写真の世界から引退すると、ライムント・フォン・シュティルフリートのもとで働く。明治13年（1881）頃に独立し、横浜に写真館を開業する。絹団扇、風景写真帳、幻灯画の海外輸出が当たり、その名は世界に謳われた。このように外国人の土産用の写真は「横浜写真」と呼ばれる。写真帳のほとんどは、螺鈿細工や蒔絵を表紙に施した豪華なもので、「金幣アルバム」とも称される。

佐久間範造（さくま　はんぞう）
（1844～1897）
湧谷伊達家藩士の宍戸条之允として生まれる。明治2年（1869）、佐久間某という人物に写真術を学び、その技術を見込まれ佐久間姓を継いだ。明治3年頃に小樽で写真館を開業。北海道開拓の様子を撮影、明治13年、手宮～札幌間に敷かれた鉄道工事の状況の記録撮影を行った。

日本人カメラマンのプロフィール

【凡例】1　掲載した人物は、本誌に写真が紹介された人物、写真史を解説するうえで必要な人物から選出した。
2　年表記は旧暦、新暦をアラビア数字とする。（五十音順）

井田侾吉（いだ　こうきち）（1846～1911）
蝦夷地箱館生まれ。田本研造より写真術を学ぶ。明治4年（1871）、北海道開拓使から写真撮影の依頼を受けた田本研造に随行し、札幌や小樽などを巡回し、田本研造をサポートした。明治11年、千島列島に渡りアイヌの様子を撮影する。明治17年、函館弥生坂に写真館を開業する。

上野彦馬（うえの　ひこま）（1838～1904）
天保9年（1838）長崎に生まれる。御用時計師であった父のもと西洋文化にふれるが13歳の時に父が他界する。嘉永6年（1853）に日田の咸宜園(かんぎえん)に学び四書五経を中心に学んだ。安政5年（1858）、舎密試験所に入学。また、津藩士の堀江鍬次郎と出会い、ともに写真術の研究を始める。江戸に滞留の後、万延2年（1861）、津藩の有造館洋学所の講師となり化学の講義をするようなった。文久2年(1862)、長崎に帰郷して上野撮影局を開業。長崎の外国人を相手に写真を撮影して基盤を築いた。明治7年（1874）の金星観測で来日していたアメリカの観測隊に加わり撮影を行う。また、内田九一、冨重利平、井上俊三ほか多くの写真師を輩出した。

鵜飼玉川（うかい　ぎょくせん　玉川三次）（1807～1887）
文化4年（1807）常陸府中藩士遠藤三郎兵衛の第4子として生まれる。幼名・幾太郎。のちに三二とあらためる。幼少この頃に実家を離れ、母方の姓を名乗り「鵜飼」と称した。写真との出会いは明確ではないが、横浜のO・フリーマンから写真の技術を学び文久元年（1861）頃に江戸両国薬研堀に写真館を開業した。明治5年（1872）に正倉院の調査に参加。明治16年谷中墓地に写真塚を建立した。

臼井秀三郎（うすい　ひでさぶろう）（生没年不詳）
下田に生まれる。下岡蓮杖の義弟で慶応年間に蓮杖から写真術を学び、蓮杖の「蓮」の字を貰って「蓮節」と名乗る。明治10年（1877）頃に横浜太田町に写真館を開業。明治17年には横浜写真社を開設した。

内田九一（うちだ　くいち）(1844～1875)
長崎に生まれる。幼い頃に薬種商を営む父・忠三郎が亡くなり、伯父である医師・吉雄圭齋のもとで養育される。安政年間に舎密試験所で雑用を手伝うようになり、前田玄造、ポンペ・ファン・メールデルフォールトらから写真術を学ぶ。その後、上野彦馬のもとで学び、慶応元年（1865）に長崎を離れる。同年大阪で写真館を開業する。慶応4年（1868）横浜馬車道に写真館を開業する。明治2年（1869）、浅草旅籠町に支店を構えた。明治5年と翌年に天皇の御真影を撮影し、明治天皇の西国・九州巡幸の際には宮内省御用掛として随行し、名所旧跡の写真を数多く撮影した。歌舞伎俳優などの写真撮影・販売でも有名となり、東京で一番の写真師となった。

江木松四郎（えぎ　まつしろう）（1856～1900）
福山藩の儒学者の家に生まれる。明治13年（1880）東京山城町に写真館を開業する。サンフランシスコで写真術を研鑽させた後、明治17年東京淡路町に江木写真店を開業させた。明治22年新橋丸屋町に支店を開設した。

江崎礼二（えさき　れいじ）（1845～1910）
弘化2年（1845）、美濃江崎村に生まれる。塩谷宇平に養育され、久世治作に写真術を学ぶ。明治3年（1870）に東京へ移る。この時に江崎と名を改めた。下岡蓮杖の門下となり写真術の技術を磨き、明治4年、芝日蔭町に写真館を開業、翌年には浅草奥山に移転し、同じ浅草に写真館があった内田九一と覇を競った。明治16年には隅田川水雷爆発、短艇競争の様子を乾板を使用して撮影し、早取写真師として有名となった。

岡本圭三（おかもと　けいぞう　鈴木眞一）（1859～1912）
安政6年（1859）上州生まれ。横浜で写真館を開業していた下岡蓮杖の門下となる。明治6年（1873）頃、同じ下岡蓮杖の門弟であった鈴木眞一の娘婿となる。明治8年、名古屋本町に移

三井圭司（みつい　けいし）
1970年、東京生まれ。東京都写真美術館学芸員。日本大学博士課程満期退学。主要な研究テーマは19世紀写真史。主著は『写真の歴史入門―第1部「誕生」新たな視覚のはじまり―』（新潮社、2005年）。2007年より全国の初期写真調査をもとにするシリーズ展「夜明けまえ日本写真開拓史」を担当。「総集編」を2017年に予定。共著『レンズが撮らえた　F・ベアトの幕末』（2012年）、『レンズが撮らえた　外国人カメラマンの見た幕末日本Ⅰ』『レンズが撮らえた　外国人カメラマンの見た幕末日本Ⅱ』（山川出版社、2014年）ほか。

白根孝胤（しらね　こういん）
1970年、東京都生まれ。中京大学文学部准教授。中央大学大学院文学研究科博士後期課程修了。博士（史学）。専門は日本近世史。主な研究テーマは幕藩関係論、尾張藩政史。尾張徳川家十四代当主徳川慶勝が撮影した幕末・明治期の写真の分析にも取り組み、『写真集　尾張徳川家の幕末維新』（吉川弘文館、2014年）の解説を執筆。関連する論考として「幕末・維新期における尾張家の撮影写真と技術開発」（『徳川林政史研究所研究紀要』40、2006年）などがある。

井桜直美（いざくら　なおみ）
幕末、明治、大正期の写真を収集・研究。古写真研究家として雑誌や書籍などに執筆活動で活躍。また古写真を専門に販売、貸出などを行う「桜堂」を経営。著書に『セピア色の肖像』（朝日ソノラマ、2000年）。平成16年より日本カメラ財団の古写真研究員として嘱託勤務となり、毎年2回開催する古写真展を担当する。共著に『レンズが撮らえた　幕末明治の女たち』（山川出版社）など。

田中里実（たなか　さとみ）
2005年日本大学芸術学部写真学科卒業、2007年日本大学大学院芸術学研究科博士前期課程映像芸術修了。現在は日本大学芸術学部写真学科専任講師。専門研究分野は「写真技法史」（「日本における湿板写真時代の研究と技術的復元」）。湿板写真技法復元による作品制作も試みている。共著に『レンズが撮らえた　F・ベアトの幕末』『レンズが撮らえた　幕末明治の富士山』（山川出版社）など。

大下智一（おおした　ともかず）
1967年函館生まれ。北海道大学文学部卒業。北海道立函館美術館主任学芸員。写真関連の展覧会として、東京都写真美術館が中心となり巡回した「夜明けまえ　日本写真開拓史　北海道・東北編」展（2013年）、「幕末・明治の戦争イメージ」（2014年）。ほか、「田本研造―その生涯と業績」（photographers' gallery press no.8　2009年）、「疋田豊治と北海道写真」（『疋田豊治ガラス乾板写真展図録』　北海道大学総合博物館　2009年）など。

鳥海早喜（とりうみ　さき）
1984年生まれ。日本大学芸術学部専任講師。日本大学大学院芸術学研究科修了（芸術学博士）。専門は写真史。主要論文に「日本写真史における写真歴史展覧会の開催意義に関する研究―『写真100年展―日本人による写真表現の歴史展』を中心として―」、「金丸重嶺研究―新興写真時代の活動と初期写真教育を中心に―」、共著に『レンズが撮らえた　外国人カメラマンの見た幕末日本Ⅰ』（山川出版社）など。

打林　俊（うちばやし　しゅん）
パリ第Ⅰ大学招待研究生を経て日本大学大学院芸術学研究科博士後期過程修了。博士（芸術学）。現在、日本大学芸術学部非常勤講師。専門は近代写真史、日欧視覚文化交流史。主な著作に『絵画に焦がれた写真――日本写真史におけるピクトリアリズムの成立』（森話社、2015年）、共著に『レンズが撮らえた　幕末明治の富士山』（山川出版社）など。2015年、第9回花王芸術・科学財団〈美術に関する研究奨励賞〉受賞。

監修・編集・著者紹介

■監修・編集

小沢健志（おざわ　たけし）

1925年生まれ。東京国立文化財研究所技官、九州産業大学大学院教授などを経て現在、日本写真協会名誉顧問、日本写真芸術学会名誉会長。東京都歴史文化財団理事。日本写真協会賞功労賞・文化庁長官表彰受賞。著書に『日本の写真史』（ニッコールクラブ、1986年）、『幕末・写真の時代』（筑摩書房、1994年）、『幕末・明治の写真』（筑摩書房、1997年）、『写真で見る幕末・明治』（世界文化社、2000年）、『写真明治の戦争』（筑摩書房、2001年）。

高橋則英（たかはし　のりひで）

1978年、日本大学芸術学部写真学科卒業。日本大学助手、専任講師、助教授を経て、2002年から日本大学芸術学部教授。専門領域は写真史、画像保存。2000年より小沢健志元教授の後を継ぎ写真史を講義。技術史にも重点をおき日本初の実用的写真術コロジオン湿板法の実験等も行う。本シリーズの共著として、『レンズが撮らえた 幕末の写真師 上野彦馬の世界』（2012年）、『レンズが撮らえた F・ベアトの幕末』（2012年）、『レンズが撮らえた幕末明治の富士山』（2013年）、『レンズが撮らえた 外国人カメラマンの見た 幕末明治Ⅱ』（山川出版社、2014年）などがある。

■著　者

姫野順一（ひめの　じゅんいち）

1947年大分県生まれ。博士(経済学)。九州大学大学院経済学研究科博士課程修了。九州大学助手、長崎大学大学教養部講師・助教授、環境科学部教授、附属図書館長を経て現在長崎大学名誉教授・環境科学部客員教授。専門はイギリス経済思想史・環境経済学・古写真を中心とする長崎学。著書に『J.A. ホブスン人間福祉の経済学』（昭和堂、2011年）、『海外情報と九州』（九州大学出版会、1998年）、『龍馬が見た長崎』（朝日新聞出版、2009年）、『古写真に見る長崎の幕末明治』（明石書店、2014年）、共著に『レンズが撮らえた 外国人カメラマンの見た幕末日本Ⅱ』（山川出版社）など。

斎藤多喜夫（さいとう　たきお）

1947年、横浜市生まれ。東京都立大学大学院修士課程修了。横浜開港資料館・横浜都市発展記念館元調査研究員。主要な研究テーマは幕末・明治時代の外国人居留地と異文化交流の歴史。著書に『横浜外国人墓地に眠る人々』(有隣堂)、『幕末明治　横浜写真館物語』(吉川弘文館)、共著に『F. ベアト写真集』（明石書店）、『文明開化期の横浜・東京』『彩色アルバム：明治の日本』『100年前の横浜・神奈川』（いずれも有隣堂）、『レンズが撮らえた 外国人カメラマンの見た幕末日本Ⅰ』（山川出版社）がある。

石黒敬章（いしぐろ　けいしょう）

昭和41年テレビ局を2年で退職後フリー。新しいこと面白いことが好きで、展示会やイベントを手掛け、広告業、西洋骨董屋、画商、随筆家、ユーモア発明家など様々なことに首を突っ込む。現在は古写真収集家でゆうもあくらぶ副会長。著書に『幕末明治のおもしろ写真』（平凡社）、『明治・大正・昭和東京写真大集成』（新潮社）、『幕末明治の肖像写真』（角川学芸出版）、共著に『英傑たちの肖像写真』(渡辺出版)、『レンズが撮らえた 外国人カメラマンの見た幕末日本Ⅰ』(山川出版社)、ほか。

岡塚章子（おかつか　あきこ）

東京都写真美術館（1990-2003）、東京都庭園美術館（2003-08）を経て、現在、東京都江戸東京博物館学芸員。主要展覧会企画に「写された国宝―日本における文化財写真の系譜」展（2000年）、「庭園植物記」展（2005年）、「建築の記憶―写真と建築の近現代」展（2008年）、「横山松三郎」展（2011年）など。主要論著に「横山松三郎事績―横山家所蔵資料を中心に」『通天楼日記 横山松三郎と明治初期の写真・洋画・印刷』（思文閣出版、2014）。「横山松三郎」展で2012年日本写真協会賞学芸賞を受賞。

レンズが撮《と》らえた

日本人《にほんじん》カメラマンの見《み》た 幕末明治《ばくまつめいじ》

2015年5月20日　第1版第1刷印刷　2015年5月30日　第1版第1刷発行

監　修　小沢健志《おざわたけし》

編　集　高橋則英《たかはしのりひで》

発行者　野澤伞平

発行所　株式会社 山川出版社

〒101-0047　東京都千代田区内神田 1-13-13

電話　03(3293)8131（営業）　03(3293)1802（編集）

http://www.yamakawa.co.jp/

振替　00120-9-43993

企画・編集　山川図書出版株式会社

印刷所　半七写真印刷工業株式会社

製本所　株式会社 ブロケード

ISBN978-4-634-15076-8